DERECHOS DE AUTOR

EJECUCIÓN EFECTIVA

INTRODUCCIÓN

En los negocios nada es una coincidencia, todo es una consecuencia porque hay una reacción para cada acción y uno de los objetivos principales de este libro es ayudarte a mejorar la cultura de trabajo al mejorar tu liderazgo.

Siempre que pido que me describan gerencia con dos palabras, las tres respuestas más mencionadas son: *motivación, liderazgo y mando*. Les menciono que son buenas respuestas, pero no son suficientes; si su gerencia fuera *Lean (esbelta)* y tuviera una misión y visión clara, concreta, concisa y congruente podrían responder con solo dos palabras: *decisiones efectivas*. Toda la motivación intrínseca o extrínseca no servirá de nada si las decisiones no son efectivas para corregir o prevenir.

En *Six Sigma* tenemos seis tipos de liderazgo porque no se debe regir con solo un tipo. Cuando estoy platicando con gerentes siempre les pregunto si les gustan los deportes de boxeo y ajedrez; pregunto si conocen las bases del juego y si identifican que tienen en común estas dos disciplinas a pesar de que una es plenamente agresiva físicamente y la otra es principalmente mental.

Si no conocen les menciono que anticipación es lo que tienen en común. Por más joven, rápido y fuerte que sea un boxeador no es tan rápido como la anticipación que el boxeador experimentado y altamente entrenado tiene.

El experimentado y entrenado puede identificar que golpe dará su oponente dependiendo como mueve sus pies o gira su hombro y es entonces cuando puede posicionarse en defensa y en ocasiones contra atacar.

En el ajedrez se conoce quien es un buen jugador cuando él va mínimo tres jugadas por delante. Él identifica las intenciones de su oponente, anticipa sus movidas y es proactivo. Ese es uno de los objetivos de este programa porque vivir una mejora continua no es suficiente y para hacerlo en un nivel superior se necesita ser proactivo, no reactivo. Por eso digo que no importa lo que sabes, porque lo que haces con lo que sabes es lo que realmente importa.

La esencia del conocimiento es aplicarlo y si se cuenta con estudios académicos, experiencia laboral de calidad, entonces la transición a *Lean* será un poco más fácil.

En este programa aplicamos *Lean* que es la metodología para eliminar los ocho desperdicios que todos tienen, y esos son: *espera, exceso de inventario, exceso de producción, exceso transporte, excesos de movimiento, exceso de procesos, defectos y no utilizar las mentes de la organización.* Tal vez la producción de tu producto no tiene defectos, pero puede haber varios desperdicios en la organización y/o en la comunicación del liderazgo.

El contenido de Mejorando como gerente está enfocado a enseñar a organizar, delegar, retroalimentar y liderar aplicando herramientas de las filosofías y metodologías de: **Lean Six Sigma** -*eliminación de errores y desperdicios*-, **Kaizen** -*Mejora continua*- y **Genchi genbutsu** -trabajar desde la raíz-.

A lo largo del programa escucharás indicaciones específicas, pero solo existe una regla la cual no se puede doblar o quebrar y eso es: *El éxito es tu responsabilidad.*

A partir de este momento toma completa responsabilidad por todo. Si alguien no comprendió algo y no hizo lo que esperabas entonces no lo comunicaste bien, no reafirmaste su comprensión y no anticipaste posibles problemas. Recuerda que un buen líder toma más responsabilidad y toma menos reconocimiento y si tú eres el problema, entonces hay buenas noticias, porque tú eres la solución y tienes un espacio ilimitado para tu desarrollo personal.

Si quieres ayuda en algo no dudes en contactarme, en este libro encontrarás QR codes (es un cuadro con figuras negras) activa la cámara de tu celular y sin tomar una fotografía solo ponlo frente a la cámara y te aparecerá una opción de guardar mis contactos ¡hazlo!

Te brindo estas tres recomendaciones de cómo leer este libro.

- **Planea tu lectura.** Significa escoger un horario y lugar donde te permita enfocar tu atención e intención a este contenido.

- **Las tres A:** *Apunta, Analiza y Aplica.* Conócete a ti mismo, toma decisiones y hazlas. Si esto no es de tu interés, ninguna lectura por más sagrada y antigua te ayudará.

- **Conversión con las tres R.** Para dejar de ser quien eres y convertirte en quien quieres ser, no es solo hacer las cosas, es hacerlas continua y constantemente. En otras palabras; hábitos y disciplinas y para crear estas necesitas:

1.- Recordatorios. Activa alertas en tus dispositivos electrónicos para las decisiones que tomaste, por ejemplo: comer, ejercitar, escribir, leer, etcétera. Es importante anotar, porque si dejas las cosas en tu mente terminarás dando más prioridad o menos prioridad de lo que las cosas merecen.

2.- Rutinas. Que vas hacer y cómo lo vas hacer. La madre de toda habilidad es la repetición, apunta tu rutina. Esto es lo que se convierte en hábito.

3.- Recompensas. Lleva un historial de tus avances. Es difícil mejorar algo que no se mide. Cuando veas los avances debido a los resultados de tus rutinas/hábitos podrás obtener tus recompensas ya sean, físicas, monetarias o mentales/emocionales.

Por último, este ensayo contiene 28,596 palabras en 141 páginas, distribuidas dentro de 11 capítulos. Es una lectura promedia de dos horas, pero no es lo que te costará leer, sino lo que costará no leerlo.

Nunca dejes de invertir en ti. Aprende, aplica y obtén la recompensa.

Te agradezco por seleccionarme como tu entrenador de mejora continua y bienvenido a mi programa.

MEJORANDO COMO GERENTE

Semana

Entrenaremos como los guerreros Söhei lo hacían:
primero se entrena la mentalidad y después la habilidad.

Para ser exitoso, primero te tienes que sentir incómodo, tienes que resistir el miedo y tienes que tener una visión túnel hacia el resultado óptimo que deseas; y para eso necesitas disciplina.

Cuando creas disciplina y eres constante, conviertes esas acciones en buenos hábitos. Tal vez te sientes incómodo al hablar con personas desconocidas o frente a una audiencia, incluso al vender a una persona a la vez. Lo que tienen en común estas situaciones es que necesitas aprender estrategias para crear mejores resultados y necesitas practicarlas diariamente para dominarlas.

¿Recuerdas la primera vez que hablaste frente a la clase, tocaste algún instrumento en público, pronunciaste las primeras palabras de un nuevo idioma? Si una persona te dice que desistas de lo que estás haciendo porque no eres bueno, solo recuerda que la única manera de que nunca seas bueno, es si desistes. A la quinta semana de practicar diariamente cualquier actividad te empezarás a sentir cómodo y lograrás tener un mejor resultado. Eliminarás el miedo, tu limitante y tu incomodidad, y si no lo has hecho por completo, te aseguro que habrás progresado, y eso es lo más importante especialmente en la filosofía de mejora continua. Continuar progresando y nunca conformarte con lo logrado.

Todos los humanos en algún punto de nuestras vidas sufrimos de alguna manera y es bueno recordar las palabras de Benjamin Franklin. *'El hombre honesto tiene dolores y luego disfruta de los placeres. El bribón toma placer y luego sufre dolores."*

Por favor tómate unos segundos para pensar en todas las ocasiones que dijiste: "debí haber hecho esto, debí haber practicado más, o lo pude hacer mejor".

Si has pensado eso, entonces concuerdas conmigo cuando te digo que pudiste haber hecho más si hubieras tenido una disciplina para mejorar continuamente en lugar de limitar tus oportunidades por creer que lo que hacías era suficiente. Ahora, si me dices que no has tenido o no tienes apoyo de otras personas para mejorar te diré que necesitas crear tus propias alas para volar en contra del viento. Los halagos y la motivación no crean resultados. *Tus acciones crean resultados y los resultados crean tu motivación. No necesitas estar motivado para actuar, pero si necesitas actuar para motivarte.* No limites tu futuro y tu prosperidad por lo que actualmente careces, porque darte por vencido es una solución de largo plazo para un problema de corto plazo.
Es mi responsabilidad comunicar esto por tu bien y el de tus objetivos.
No des vida a esa limitación de que "lo único que te mueve es la motivación" porque siempre estás motivado para hacer algo ya sea intrínsecamente o extrínsecamente. La motivación extrínseca, ósea esos sentimientos "bonitos" que crees que son el combustible del éxito y la prosperidad son para novatos y cualquier profesional de alto nivel te lo afirmará porque cuando se acaba esa motivación, lo que queda es lo que eres.

Muchos viven equivocados con la idea de que motivación crea carácter, pero en la realidad lo demuestra indudablemente si eres disciplinado, honorable, íntegro, cumplido, comprometido, puntual y respetuoso. Entonces dime: ¿De qué estás hecho? Y ¿qué comportamiento valoras cuando dices que no estás motivado?

Eres lo suficientemente fuerte e inteligente para fortalecer tu cerebro y poder actuar y crear resultados. Sé un productor de motivación, no un consumidor.

El platillo principal es el desarrollo personal, la motivación solo es el postre y te ayudaré a fortalecer tus fuerzas y brindar claridad a tus inspiraciones y aspiraciones. Caminaré junto a ti paso a paso para lograr tus objetivos.

Walt Disney dijo. *"Todos tus sueños se pueden volver realidad si tienes el valor de perseguirlos"*. Mi último pensamiento es: No permitas que un mal momento o un mal sentimiento dicte tus posibilidades. Entrena para generar tus éxitos, pero practica una mejora continua integral para prosperar.

Deja de llenar tu plato en la línea del buffet. No, esto no es un segmento de salud, es una analogía de que dejes de cargar tu plato especialmente cuando tienes el control de tu agenda. Les sorprendería si les dijera las decenas de profesionales que he tenido que enseñarles a decir no sin que digan no para que puedan incrementar su productividad.

Si se te hace esto un poco confuso, permíteme aclararte, ¿tienes una enorme lista de cosas por hacer, no te alcanza el tiempo y encima de eso te comprometes a cosas que no te aportan valor a tu agenda? A muchos les encanta ofrecer ayuda sin haber terminado sus prioridades, y otros por el miedo de verse con baja cooperación aceptan solicitudes que no deberían.

En ocasiones no solo es por tu productividad, si eres adicto a brindar ayuda, lo más probable es que le estás robando la oportunidad de aprender a esa persona que siempre acude a ti para que hagas su trabajo. Lo estás convirtiendo en dependiente de ti y cuando no estés, esa persona sufrirá, o siempre buscará la salida rápida porque nunca se empoderó a solucionar sus propios problemas. Entonces lo primero hoy es preguntarte, ¿tengo una adicción a brindar ayuda sin ser tan necesario y descuido mis prioridades?

El primer paso siempre es aceptarlo, y tal vez no tienes un problema, pero definitivamente tienes un espacio para mejorar.

Ahora en ocasiones lo más difícil para incrementar la productividad es decidir la prioridad de las cosas que tienes que hacer. Si no tienes reglas y un método entonces tu agenda se regirá por tus sentimientos y en el momento que no quieras realizar una conversación difícil, hacer un trabajo que tomará mucho esfuerzo es cuando pospones cosas importantes y las conviertes en urgentes.

Para evitar la ansiedad o negligencia que se crea al postergar cosas importantes vamos hacer un rápido ejercicio para incrementar tu productividad y facilitar el logro de tus metas. Necesitas un papel, una pluma y un deseo sincero para mejorar. En tu hoja dibuja una cuadrícula, ósea cuatro cuadros en dos columnas. Ahora, en el exterior izquierdo de la columna horizontal superior escribe importante. En la columna inferior escribe no importante. Ahora en el exterior de la columna vertical izquierda escribe urgente y en el exterior de la derecha escribe no urgente.

	URGENTE	NO URGENTE
IMPORTANTE	**HACER PRIMERO**	**DECIDE CUANDO**
NO IMPORTANTE	**DELEGAR**	**BORRAR**

Acabas de dibujar el cuadrante de Eisenhower, o conocido también como The Eisenhower Matrix.

Ahora asigna una categoría a tus tareas y ponlas en el cuadro correspondiente, y dependiendo donde intercepten es la prioridad que le brindarás.

Si estás en el primer cuadro superior izquierdo eso es lo urgente e importante; esas cosas se hacen primero. Si estás en la esquina superior derecha, eso es importante, pero no urgente entonces le asignas un horario más tarde. Si estás en la esquina inferior izquierda es urgente pero no importante, todo eso se delega. Y por último en la esquina inferior derecha, eso no es urgente y tampoco es importante, entonces no pierdas tiempo en ello y enfócate en lo que brinda valor.

Eisenhower fue un General de cinco estrellas y Presidente de Estados Unidos de América quien logró muchas cosas usando su método y estoy seguro que te ayudará a tomar mejores decisiones al catalogar tus prioridades y lograr tus metas con mayor facilidad.

Día 3
Cómo empiezas tu día es como configuras tu día.

Esta rutina preparará tu día, reducirá ansiedad, estrés, creará energía y ayudará a incrementar tu productividad. Si eres de las personas que no les gusta las rutinas porque piensan que son aburridas o innecesarias porque son profesionales, entonces imagínate que la rutina matutina es simplemente una lista de verificación -checklist- para mantener la calidad de pensamiento que tu puesto necesita, para supervisar la presentación personal que debes brindar y simplemente los pasos que requieres para preparar tu mente y comenzar a trabajar a toda velocidad. Practícala durante tres semanas antes de realizar modificaciones. Te recuerdo que es difícil mejorar si no se mide, por eso escribe diariamente como te sientes al terminar la rutina y como te mejora el día.

Paso número 1: Al despertar bebe 500 ml. de agua plana (purificada y sin que sea mineral). Estuviste seis u ocho horas sin líquidos, necesitas hidratar tu cuerpo y esto te brindará más energía que tomar un fuerte diurético como una taza de café.

Paso número 2: Haz cuatro estiramientos que sean los más necesarios a tu postura con 1 minuto de duración cada uno. Muchas personas con el paso de los años sufren dolor de lumbar, de rodillas, cuello, etcétera. Esto se debe a varias razones pero las comunes es por sentarse, caminar o dormir con mala postura. Ayuda combatir o prevenir lesiones de una vida sedentaria estirando los femorales, glúteos, lumbar y bíceps con los ejercicios que puedas hacer con esfuerzo medio. No quieres estirar de más un músculo que no está acostumbrado a hacerlo.

Paso número 3: Haz ejercicio físico durante 30 minutos continuos. Un entrenamiento vehemente y constante es mejor que horas desperdiciadas en el gimnasio. Si necesitas una rutina contáctame para ayudarte a obtener resultados rápidos y eficientes.

Paso número 4: Practica 5 en 5. Empezar el día con una lista incrementa tu posibilidad de éxito hasta un 25 %. En cinco minutos escribe tus cinco prioridades del día y que necesitas para lograrlas. Si no las apuntas tu mente les dará más importancia o menos importancia de lo que merecen y con las distracciones diarias olvidarás algo pequeño y tal vez importante que causará que trabajes más o causará ansiedad y estrés. Evítalo planeando.

Paso número 5: Desayuna nutritivo y balanceado. Muchos dicen que el desayuno es la comida más importante del día y algunos lo confunden con comer mucho. Desayuna inteligente. Si desayunas comida pesada toda la sangre en lugar de estar en tu cerebro para trabajar más eficiente, será bombeada a tu estómago y toda tu energía se gastará procesando los alimentos y no podrás iniciar tu día laboral al máximo. También podrás sentir sueño debido a la energía gastada. Consulta con tu nutriólogo que necesitas, pero una regla de oro es mantener tu platillo con un 70 % de frutas o verduras.

Paso número 6: Diariamente sin excepciones invierte 15 minutos en tu desarrollo personal. Puede ser con un audio libro, o con un video de TED Talks, incluso puede ser este mismo audio entrenamiento. Esto es muy importante porque al obtener diariamente un nuevo conocimiento expandes tus perspectivas y tendrás más herramientas para sobrepasar tus problemas o ayudar a los de otros. Recuerda que acción es el nombre del juego. Nunca dejes de invertir en ti. Aprende, aplica y obtén la recompensa. Recordando un discurso de Calvin Coolidge, el trigésimo Presidente de los Estados Unidos de América.

"Nada en este mundo reemplaza la persistencia. El talento no lo hará, no hay algo más habitual que encontrar personas sin éxito con talento. La inteligencia no lo hará, la inteligencia no recompensada es casi un proverbio. La educación no lo hará, el mundo está lleno de parias educadas. La persistencia y la voluntad son omnipotentes."

Paso número 7: Siempre te tomará más tiempo explicar lo que hiciste mal que hacerlo correctamente desde el principio. Entonces asegúrate de dominar la gestión de prioridades con el cuadrante de Eisenhower para que lo puedas hacer mentalmente y nunca comenzar a organizar tu trabajo solo por sentimientos. Recuerda que si eres jefe o líder necesitas coordinar y dirigir, y si algo no se logró fue porque no asignaste la prioridad correcta o simplemente no usaste el cuadrante.

"Piensa como un hombre de acción, pero actúa como un hombre de pensamiento".
- Henri Bergson.

Día 4
Diligencia en tu gerencia.

Primero entrena tu mentalidad y luego tu habilidad porque como piensas actúas. En mis capacitaciones de gerencia siempre pongo a entrenar la humildad y la sabiduría a mis asistentes y les recuerdo que el puesto de gerencia si es poderoso, pero también es frágil. Cuando una persona en este puesto no está alineada con los estándares de la organización y afecta la moral de sus miembros es más fácil cambiar a esa persona, que cambiar a toda la organización. Y si a algunos de ustedes les suena raro o incluso imposible, esto es común en diferentes industrias. Lo han visto a lo largo de la historia en directores de cine, en entrenadores de ligas mayores en diferentes deportes, lo han visto en CEOs de Fortune 500 companies. Les menciono que todo gerente debe conocer la importancia del respeto porque la falta de; afecta la productividad; la calidad, y el servicio al cliente.

Una de las cosas más importantes que practicamos es la tolerancia. Deben de aceptar que todas las personas tienen derecho a tener diferentes opiniones, y también en ciertas circunstancias tienen derecho a equivocarse. Y cuando ocurra una de estas situaciones un gerente jamás deberá entrar en discusiones subjetivas, nunca crea, fomenta o soporta chismes. Jamás habla con doble sentido o provoca acosos con los miembros de la organización o con clientes.

Y les recuerdo que detrás de las puertas cerradas deben de mantener el mismo comportamiento que es requerido en la puerta principal.

Ahora ¿Quieres saber si eres un pésimo líder? Es muy fácil; si en tu organización pueden usar el viejo chiste de: "si habla el jefe, pregúntale quién es" entonces puedes estar seguro que entras en la categoría. Pero espera, aún hay más, solo porque te conocen no significa que no seas un mal líder. Personalmente conozco a dueños y jefes que la única ocasión donde sus empleados los ven es cuando están regañando a alguien.

Si tú apareces en tu negocio ocasionalmente y solo realizas estas acciones también podrías ser mejor jefe y tener un mejor negocio.

Uno de los problemas que ocasiona esto es obviamente el desinterés del negocio, de las personas que lo forman y un desinterés hacia sus clientes, pero un problema más específico es que utilizan incorrectamente e irresponsablemente el estilo de liderazgo **Laissez faire**.

Por un lado les dicen a sus tropas que hagan lo que quieran mientras les generen un resultado, entonces los dejan hacer lo que sea, pero cuando estos realizan algo que no es del agrado del patrón o de un allegado a él, entonces es cuando los relámpagos retumban el suelo.

La lección de hoy es; *no brindes responsabilidad sin autoridad y no entregues esto sin especificar escrupulosamente los procedimientos, la calidad requerida, los límites y tus claras expectativas.* Porque si no haces esto, afectará la moral de la organización, destruirás la reputación de la empresa y últimamente reducirás la productividad. Toma responsabilidad porque si tus empleados fallan, tú fallaste al guiarlos incorrectamente.

Ahora algunos de ustedes pueden pensar que pueden continuar como están y que les irá muy bien, y tal vez tengan razón, pero si no corriges y mejoras no serás lo que podrías ser haciendo las cosas correctas.

Si no sabes que es necesario para mejorar, si no sabes cómo organizarte y diseñar un plan de mejora continua para llevar tu empresa al siguiente nivel, estudia, consulta a un mentor o contáctame, pero siempre practica esto y lograrás todas tus metas y sueños. Para prosperar es fundamental practicar la cooperación, y la definición que John Wooden le da es: *"**Preocúpate por que es lo correcto y no por quién está en lo correcto"**.* Al practicar buenos valores y tomar responsabilidad por todo lo que ocurre en tu empresa podrás llevarla a un nivel superior, pero si no tomas responsabilidad por las acciones de otros que permitiste, o no anticipaste, será una meta muy difícil para lograr.

Hoy te brindaré una guía general, pero efectiva para que comiences a mejorar tu gerencia y ahorres miles de pesos en una consultoría e incrementes tu productividad con metas de corto plazo.

Si eres de los que piensa que ya son muy buenos porque tienen un negocio exitoso y no necesitas esto, solo te diré que acabas de poner un techo invisible sobre ti el cual limitará tu potencial. Por que ¿cómo vas a mejorar y crecer si piensas que ya no puedes o necesitas ser mejor?

Tienes un espacio ilimitado para mejorar tu desarrollo personal y yo te ayudo a mejorar tu perspectiva, mejorar tus comportamientos para mejorar tu presente y tu futuro y si estás en un buen lugar, recuerda que siempre puedes aprender algo nuevo y estar mejor por eso humildad es uno de los valores que siempre fomento.

Mis instrucciones de hoy son específicas para mejorar tu productividad como propietario de negocio, gerente, supervisor, con tus colegas, incluso te servirá para las tareas de tu casa. Tal vez eres muy bueno y ya conoces esto, pero si no estás en un constante estado de evolución y manteniendo los buenos hábitos, puedes ser obsoleto muy rápido.

Estamos aquí para dar pasos firmes y correctos hacia tu prosperidad porque yo no espero a que las cosas sucedan, yo ocasiono que sucedan y no espero menos de ti.

No quiero que esperes a comenzar una nueva semana y mucho menos un nuevo mes; sin importar que día estés leyendo esto, quiero que convoques una reunión de máximo 30 minutos con tus equipos y preguntes: ¿Cuántas metas logramos la semana pasada? ¿Qué no hemos logrado? ¿Y por qué? ¿Qué necesitamos para avanzar o finalizar esa meta?

Algunos quieren avanzar y crecer jalando peso muerto, tienen una larga lista de cosas por hacer y eso causa estrés y ansiedad, entonces conozcan sus objetivos en común y trabajen en equipo.

Si estás en este escenario es debido a que estás en una espiral donde como muchos *no tienen tiempo para planear por el exceso de trabajo, pero tienen todo ese trabajo por falta de planeación.*

Antes de continuar, un rápido aviso para las personas quienes creen no necesitar esto y que les quitará tiempo de trabajar. Si no tienes tiempo para planear y diseñar tus estrategias, dime sinceramente: *¿tienes tiempo para volver a hacer las cosas debido a errores por falta de comunicación o planeación estratégica?*

Muchos de ustedes cometen un grave error, algunos aportan a la baja productividad porque piensan que con sus expectativas lo lograrán. *¿Sabes qué es una expectativa que no se comunica?* Es solo un pensamiento; y estoy casi seguro que tus empleados o colegas no son telepáticos. El problema que cometes es asumir que comprendieron la orden, asumir que comprendieron el sentido de urgencia, el modo de ejecución y los efectos que causará si no se logra como planeado.

Al día siguiente realiza otra reunión y solo debe durar 5 minutos, usa tu inteligencia y la de tu equipo y pregunta: ¿Qué error no debemos cometer esta semana? Incorpora la mejor respuesta a tu estrategia de productividad porque *¿de qué sirven tus estudios, tu amplia experiencia y conocimientos sino puedes prevenir errores?* No esperes un resultado diferente haciendo las cosas igual o serás catalogado como un loco incompetente.

Al siguiente día; la tercera reunión, sin excusas, quiero que saludes a todos y cada uno de tus empleados, te sientes con ellos dos minutos y pregúntales: ¿cómo puedo ayudarte a ser más eficiente? ¿Qué herramientas necesitas? Y dime ¿quién necesita ser animado? Esto es súper sencillo, pero fundamental para mejorar tu cultura de trabajo y tu productividad. Lo único que hace falta es preguntar: *¿Te importan tus empleados lo suficiente para ayudarlos a que te ayuden a crecer?*

Hacer eso importa más de lo que te imaginas. ¿Cuándo fue la última vez que te detuviste en el escritorio de un empleado para agradecer su dedicación y sacrificio? ¡O simplemente su determinación a tu calidad! Si te tomas el tiempo para hacerlo, incrementará la moral de tu empresa, mejorará el poder de tus relaciones y generará un sentimiento de motivación y de vigilancia; y te aseguro que lo cualitativo tiene resultados cuantitativos.

Todo esto suena súper simple, pero personalmente conozco muchos casos de negocios exitosos que no practican esto, y el error que comparte un nuevo emprendedor con un gran empresario a quien no le importa la calidad que se ofrece al cliente, no le importa el ambiente y flujo de trabajo, es que el jefe tiene una idea o expectativa de las obligaciones de un puesto, pero sus empleados tienen otra.

Su jerarquía no tiene una cimentación correcta por falta o mala práctica de comunicación.

Quisiera ayudarte más, pero debes de comenzar primero con lo primero. Si quieres o necesitas ayuda, contáctame para ayudarte, porque tu prosperidad es mi prioridad, pero el éxito es tu responsabilidad.

Continua con una reunión diaria de dos minutos cada día por un tiempo indefinido. Estandariza, mide y mejora cada semana tus reuniones para obtener mejores resultados. Contáctame si quieres ayuda para diseñar las reuniones acorde a los resultados que deseas, mi número es 662-402-0168 o escríbeme a mi correo personal, franciscoluismarino@gmail.com

Muchas gracias por estudiar mi entrenamiento y recuerda que como entrenador siempre identificaré las cosas malas, pero te ayudaré a obtener las buenas. ¡Aprovéchalo!

Si eres gerente o estás en un puesto de mando hoy les responderé a la pregunta, ¿cómo puedo mejorar la moral e incrementar la productividad de mi equipo? Esto es súper sencillo, pero conozco muchos gerentes que no lo podrán lograr porque prefieren sentirse poderosos y su falta de escrúpulos es lo que realmente los limitará a mejorar el ambiente de trabajo y subir las ventas, mejorar el servicio al cliente e incrementar la productividad de la empresa.

Para lograr esto lo primero que debes de hacer es no realizar bromas estúpidas y amenazadoras relacionadas a tu cargo, por ejemplo: jamás digas, *"si ríanse, pero a ver como les va en los bonos jajaja"*. Tampoco hagas comentarios donde comuniques claramente o insinúes un abuso de tu poder. Otra cosa que no debes hacer es crear o fomentar chismes. La empresa no te paga para que hagas lo que tú quieras, te paga para que hagas lo que la empresa necesita, y te aseguro que si es un negocio decente, chismear y amenazar no esté en tu descripción de puesto.

Tal vez a tu organización no le interesa ser nombrada una de las mejores empresas para trabajar, tal vez no te interesa ser un líder y lograr grandezas, pero si quieres que las cosas mejoren en tu negocio, tú necesitas madurar y mejorar.

Si esto ha pasado en tu organización, solúcionalo lo antes posible. Habla con las personas que actúan de esta manera y brindales la retroalimentación necesaria para que mejoren sus conductas.

Analizar todo, lo bueno, lo malo, lo probable y lo improbable y tener conversaciones difíciles son las dos bases principales para practicar un buen liderazgo.

Si tú no puedes hacer esas dos simples cosas, no eres o serás un buen líder. Imagínate que debido a tu miedo de ser visto como estricto no corriges el comportamiento de un empleado tuyo. ¿Crees que serás un buen líder si permites que continúen con mala actitud y malas prácticas?

O que tal la otra base para un buen liderazgo… pensar paralelamente. No debes de mantenerte rehén de mirar las cosas de una sola manera y definitivamente no debes de sólo analizar lo bueno; hay muchas personas que se meten en problemas por no analizar las posibles consecuencias y si tú no tienes el estómago para hacer eso, no guíes a personas porque el puesto de líder no es para una persona débil.

A todos mis clientes les enseño a crear mejores metas, planes de acción, a mejorar la supervisión y análisis de información y a mejorar su toma de decisiones difíciles y lo hago incorporando el método de pensamiento paralelo de Edward de Bono.

Si a partir de hoy quieres ser mejor padre, mejor amigo, mejor pareja o mejor líder no aplaces más las conversaciones difíciles donde tienes que tomar decisiones analizando lo bueno y lo malo.

¿De la información anterior qué es lo más importante que necesitas implementar en tu filosofía de vida?

_____

¿Cuáles son las dos cosas que debes dejar de hacer o evitar para prosperar?

_____

¿Qué es lo que te dije que definirá tu prosperidad?

_____

Escribe tres beneficios específicos que lograrás al aplicar lo que acabas de leer.

_____

Escribe una sola cosa que causarás al no comprometerte a mejorar continuamente y tomar responsabilidad de tu presente y tu futuro.

_____

Al leer y practicar este contenido estás creando oportunidades de crecimiento y mejoras, pero recuerda que cualquier lectura, herramienta o procesos de calidad no servirán si no las comprendes y más importante si no las aplicas.

MEJORANDO COMO GERENTE

Semana

2

Desearla no es suficiente, necesitas planearla, crearla y cuidarla.

¿Cuál es una meta personal que todo humano tenemos en común?

No es fama; hay personas quienes hacen cosas grandiosas y no buscan el reconocimiento. No es dinero; hay personas quienes tienen grandes ambiciones para mejorar al mundo y lo hacen sin enfocarse a generar ingresos personales. Tal vez te suene un poco cliché, pero la meta que todo humano tiene en común es que quiere ser feliz.

Algunas personas consideran que ya son felices, pero siempre se puede mejorar; hay otras que es como un factor de higiene, si existe no importa, pero si no existe si importa. Hay otros quienes debido a sus circunstancias personales o laborales piensan que ser feliz es una meta irreal e inalcanzable.

Solo recuerden que la persona quien tiene una abundancia de felicidad no es porque la encontró una vez, no es porque se la regalaron cada año, es porque la ha buscado y creado cada día que vive.

No hay una sola receta porque cada quien tiene gustos y necesidades diferentes, pero los ingredientes son los mismos para todos y esos son: entusiasmo, cooperación, lealtad, amistad, laboriosidad, intención, iniciativa, vigilancia, autocontrol, espíritu de equipo, habilidad, condición, confianza, equilibrio y grandeza competitiva.

Para que las cosas mejoren, tú tienes que mejorar, pero ¿conoces cuáles de estas necesitas?

La lista que acabas de leer son los 15 fundamentos de la pirámide de éxito del Coach John Wooden y te ayudarán a mejorar tu trabajo en equipo ya sea con tus colegas, con tus amigos, o el equipo más importante… tu familia.

Los dos pilares de esta pirámide de éxito son laboriosidad y entusiasmo porque todas las buenas relaciones necesitan trabajo duro, pero si no estás entusiasmado por lo que quieres lograr ese trabajo duro se convertirá en algo imposible.

Si alguna vez has tenido envidia de las relaciones de otras personas, tal vez era porque no conocías de que estaba compuesto y sentías que era algo intangible, pero si le preguntas a la pareja más feliz que conoces te dirá los mismos fundamentos para lograrlo. Debes de tener una exaltación del ánimo la cual servirá como combustible para el trabajo duro que generará la felicidad.

Ahora si no sabes como entusiasmarte, solo necesitas tener una meta muy clara de lo que quieres. Busca en tus recuerdos ese sentimiento que te hace sentir tan ligero que flotas en felicidad.

Personal o laboral, conoce perfectamente que admiras para poder luchar por ello y una vez que conozcas que quieres y cómo lo quieres es fundamental otro fundamento de la pirámide que es: la vigilancia.

Siempre que doy una conferencia en una Universidad algo que les recomiendo a los estudiantes es aprender a auto evaluarse porque ya no tendrán a una persona quien los evalúe y corrija constantemente.

La vigilancia es muy importante porque lo más común es reducir los estándares, mantener ideas equivocadas y tomar decisiones en base a ellas, por eso debes constantemente ser consciente y observar tu comportamiento. Recuerda que para que las cosas mejoren tú tienes que mejorar y el control de la organización comienza con el control tuyo. Se disciplinado y practica el auto control.

Una vez que tengas auto control, si quieres ser mejor líder, si quieres tener un mejor equipo de trabajo o una mejor amistad, hay algo que es fundamental que practiques, pero sé que no todos podrán hacerlo y eso es fomentar la cooperación.

Debes de preocuparte por que es lo correcto y no por quién está en lo correcto.

Hay personas quienes se enfocan a demostrar que ellos tienen la razón menospreciando a otras y lo único que esa prepotencia causa, es que no lograrán ningún puesto importante o no lo mantendrán por mucho tiempo porque un líder acepta menos reconocimiento y extiende más; reconoce que las victorias son logradas por el equipo y nunca confunde un puesto de mando con liderazgo.

 No insultes tu camino al éxito, eleva a otros para que ellos te ayuden a escalar la pirámide del éxito por que en palabras de Anne Frank: *"Quien es feliz, hace a otras personas felices"*, y eso te brindará aún más felicidad de la que puedes lograr por ti mismo.

Día 9
No le des de comer a tus problemas.

Hay personas que le dan de comer a sus problemas todos los días. ¿Sabes cuál es el alimento exquisito y preferido del miedo? Es el tiempo.

Tal vez necesitas hacer una llamada de negocios, tal vez necesitas salir a vender. Lo más común es que necesitas hacer una pregunta o confrontar a tu pareja, a tu empleado o incluso a tu jefe, pero por el miedo de conocer la verdad, por la probabilidad de quedarte solo o de no vender; no preguntas, no haces las llamadas.

Cuando pospones por el miedo a la acción necesaria a tomar es cuando alimentas a tu miedo con su delicia favorita; el tiempo. Ese problema solo está en tu mente y lo puedes resolver en segundos. Puedes prepararte para la llamada o junta que necesitas hacer. Puedes visualizar que te dirán que no quieren comprar y te preparas para inspirarlos a que compren. Puedes hacer literalmente miles de cosas empezando por comprender que el posible mal momento de escuchar un no, sólo significa algo negativo si tú le das ese significado. No importa cuál sea el problema, no le des de comer. Alimenta tu mente con soluciones y no pares de crecer. Necesito que continúes con este programa un día a la vez y hoy debes de hacer eso que te hace bola el estómago, eso que hace tu mente correr mil kilómetros por hora, si; necesitas tener esa conversación difícil que has procrastinado. Ahora, somos profesionales y practicamos *lean* entonces no solo es realizar esa conversación, necesitas apuntar por qué necesitas hablar con esa persona y cuál es el mensaje principal que necesitas comunicar. Qué no debes hacer en esa conversación y que mejora o compromiso buscas obtener.

Apunta que necesitas tener en la conversación. Prepárate para tener una buena reunión y no olvides aplicar las 7C de comunicación.

Necesitas ser claro, conciso, concreto, completo, coherente, cordial y correcto porque no quieres ser ambiguo o redundante y terminar igual que comenzaste.

Días difíciles crean piel gruesa. Sigue caminando mientras las pieles delgadas se quedan sentadas. Recuerda que es en los momentos de tus decisiones donde tu destino es moldeado entonces es fundamental que des más valoración a tu proceso de toma de decisiones. Unos segundos pueden cambiar tu vida.

Mente, cuerpo y alma fuerte, estoy seguro que muchos tenemos ese objetivo en la mira.

¿En la última semana has analizado tus acontecimientos?
Puede ser que notaste un nuevo cambio positivo en tu cuerpo debido al ejercicio que has estado practicando o tal vez incrementó tu productividad en el área laboral, puede ser una decisión que tomaste en un momento difícil, pero te ayudo a obtener un resultado deseado.

Identifica, analiza y crea un sistema para poder recrear el mismo resultado una y otra vez. No le quites méritos a tu trabajo duro e inteligente, aprovecha esa audacia y construye tu futuro y celebra constantemente tus logros valorando tu proceso de excelencia porque la madre de toda habilidad es la repetición, entonces mi última pregunta es: ¿En base a tus valores cuál es un proceso que puedes repetir para superar las dificultades de un mal día?

Eres el promedio de las cinco personas con las que convives, escoge delicadamente a quien permites en tu círculo. En el mundo real compites contra todos no solo contra ti mismo. ¿Contra quién estás compitiendo?

Si eres el mejor de tu grupo, cambia de grupo. Necesitas alguien mejor que tú en tu vida para que no bajes la guardia, no te conformes y caigas en mediocridad. Solo las personas mentalmente fuertes y con una ambición de superarse son lo suficientemente valientes para incrementar el valor de su universo conocido. Donde el ambiente más sencillo exige los más altos modales, valores y conocimientos para poder dialogar con otras grandes mentes.

Recuerda las palabras de Eleanor Roosevelt. *"Las grandes mentes discuten ideas; mentes promedio discuten los eventos; mentes pequeñas discuten a gente."*

Entonces, ¿contra quién estás compitiendo para crecer de manera intelectual con la cual te brindará una mejor economía?

Crea tus oportunidades para vivir experiencias que solo un bajo porcentaje de personas tienen el corazón para hacerlo, tú también puedes ofrecer y vivir una clase mundial, pero será muy difícil con las personas equivocadas.

Entonces la reflexión de hoy es que analices si tus amigos y colegas elevan tu nivel profesional y personal.

Muchas personas quieren mejorar su economía personal con la misma actitud de bajar de peso o mejorar su físico, buscan una solución compleja y por falta de disciplinas, determinación, compromiso y valores muchos no logran terminar de leer el libro de finanzas, no logran implementar el conocimiento que obtuvieron en una conferencia y algunos no invierten su tiempo ni dinero en esas prácticas.

Cualquiera puede complicar las cosas, el truco o el secreto para avanzar está en hacer las cosas sencillas donde no hay desperdicio de acción.

En 1960 la Marina de Estados Unidos de América creó el acrónimo KISS que originalmente significaba *Keep It Simple Stupid*, y una de sus variaciones traducidas al español es: Manténlo Super Simple.

Entonces, tus sueños deberán ser más grandes que tus miedos. Que tus acciones hagan más ruido que tus palabras y que tu fe sea más fuerte que tus sentimientos.

Tus expectativas se reflejan en tu comportamiento por eso haz hoy lo que otros no hacen, para tener mañana lo que otros no tienen.

Cada acción revela tus prioridades ¿cómo te comportas para mejorar tu economía personal? Y mejor aún ¿cuáles son las tres cosas sencillas que debes dejar de hacer hoy para mejorar tus finanzas? ¿Qué tienes que dejar de comprar? ¿Qué tienes que comenzar a hacer tú mismo? ¿Qué debes dejar de ver o hacer para mejorar tu economía?

Día 13
Comer bien es diligencia.

Con una dieta sana y equilibrada más ejercicio puedes lograr con mucha más facilidad el objetivo que buscas; estar más saludable, tener menos estrés, ser más productivo, bajar de peso o tener la energía necesaria para prosperar en tu trabajo.

Ignora la idea de que para bajar de peso solo es el ejercicio, puedes pasar horas caminando, corriendo, levantando pesas, pero si comes mal, comes comida chatarra, no importa cuánto desempeño demuestres, no bajarás de peso. Ejercicio es solo 10 %, 90 % es la alimentación y la mentalidad.

Deja de vivir como si fueras a vivir dos vidas, aprovecha al máximo esta vida que tienes de la mejor forma saludable posible; hoy tienes un día más en tu pasado y un día menos en tu futuro.
Cuando voltees hacia atrás en cinco meses o cinco años, ¿qué tanto habrás avanzado de verdad?
Recordando unas palabras de Heather Morgan. *"Cada vez que bebes o comes algo, estás alimentando o combatiendo una enfermedad"*.

Considera una cosa más, con buena autoestima mejorará tu ánimo y tu energía con las cuales podrás mejorar tus relaciones personales o laborales e incrementar tu productividad, entonces define que deseas lograr; decide que harás para lograrlo; diseña una disciplina para cuándo y cómo lo harás y tu determinación definirá que tan rápido logras esa prosperidad.

Si quieres mejorar tu economía personal haz tu mejor trabajo; es la mejor forma de salir de tu circunstancia actual.

Nadie está exento de los errores; la diferencia entre las personas quienes logran lo que desean y las que no, son tres cosas.

1.- Reconocen que "errores o fracasos" en ocasiones son el costo para el éxito.

2.- Toman su tiempo necesario para aprender lo que necesitan hacer para reducir las probabilidades de un futuro error. Es en situaciones como esta cuando puedes usar la frase: lento es suave y suave es rápido.

3.- Sin importar que tengan resultados positivos o negativos, siempre hacen un análisis para conocer en qué se puede mejorar y que necesita mantenerse para implementar y reproducir el resultado deseado.

Considera que no siempre trabajarás con personas que comparten tus valores personales o que valoran tu labor, pero bajo ninguna circunstancia disminuyas tu calidad en los productos o servicios que entregas porque ese es el boleto para tu prosperidad.

No te limites y ofrece tu mejor trabajo porque tu mereces buenas cosas.

No bajes tu calidad por otras personas, mantén tu calidad por tu reputación.

¿De la información anterior qué es lo urgente que necesitas aplicar en tu vida?

_____

¿Dos cosas debes dejar de hacer o evitar desde hoy para prosperar?

_____

Escribe dos beneficios específicos que lograrás al aplicar lo que acabas de leer.

_____

Escribe una sola cosa que causarás al darle tiempo a tus miedos.

_____

Al leer y practicar este contenido estás creando oportunidades de crecimiento y mejoras, pero recuerda que cualquier lectura, herramienta o procesos de calidad no servirán si no las comprendes y más importante si no las aplicas.

MEJORANDO COMO GERENTE

Semana

Día 15
Crea tu propia suerte.

Detente en ocasiones es mejor a que alguien te diga avanza. No seas una piedra ¡muévete!

Iniciativa es una de las llaves maestras para la prosperidad; los empleadores es lo que buscan y recompensan, las parejas es lo que atesoran, y toda persona buscando su desarrollo personal es lo que requiere.

Todas las personas que han tenido más logros con menos cosas que nosotros, lo han hecho con enfoque, disciplina y principalmente con iniciativa.
Solo porque tienes unos cuantos recursos no significa que tengas tus metas y objetivos garantizados. En todas y cada una de tus situaciones toma la iniciativa y mantén pasos firmes enfocados a tu objetivo.

Haz hoy lo que otros no quieren hacer, para poder tener mañana lo que otros no tendrán, y si llegas a fallar en algo, aplica un mantra de los Marinos de Estados Unidos de América el cual es: improvisar, adaptar y superar.

No esperes una señal, una oportunidad, no esperes a a Sra. Fortuna que toque tu puerta, crea tu propia "suerte" e inicia ya.

Recuerda; tenemos por lo que trabajamos, pero un punto muy importante que necesitas escuchar antes de ser proactivo es que elimines de tu vocabulario la palabra cambio porque como un practicante de *lean* debes de saber que esa palabra no ayuda mucho. Puedes ir de mal en peor, por eso digo que a pesar de que todas las mejoras son cambios, no todos los cambios son mejoras. Y si desde un comienzo tienes esa misión, entonces vas por buen camino.

Día 16
¿Qué necesitas para obtener lo que quieres?

Como eres y lo que has hecho te permitieron llegar a donde estás, pero no es lo suficiente para ir a donde quieres ir; siempre hay una manera de mejorar las cosas, aprovecharlas y disfrutarlas más.

En la búsqueda de tu felicidad casi nunca habrá un camino recto y eso podrá causar bajar tus ánimos o desistir de tus intentos en la búsqueda, por eso es fundamental definir detalladamente con claridad cuál es tu propósito. Si no sabes exactamente que quieres y cómo lo quieres, tal vez cuando lo encuentres u obtengas no lo reconocerás o valorarás.

Analiza cuidadosamente no solo lo que tienes que hacer; pero en qué persona necesitas convertirte para llevar a cabo exitosamente esas tareas.

Esto significa que tal vez necesitas convertirte en una persona con disciplina, con paciencia, con valores. ¿Qué virtudes son requisitos para mejorar tu vida?

Enfoca tu atención e intención al proceso y no al resultado porque en el resultado existe un porcentaje de probabilidad que no depende de ti por factores externos, pero el proceso si es 100 % dependiente de ti.

Sí prosperidad en tu futuro es lo que persigues, conoce claramente lo que valoras y tal vez ya lo tengas.

¿Qué ejemplo darás hoy?

La pregunta del día es ¿Cómo puedo ser hoy un ejemplo de lo posible?

Últimamente ¿qué has escuchado o tú mismo dicho que no es posible? Puede ser algo tan sencillo como mantener limpia tu área de trabajo o de entretenimiento, puede ser algo tan rápido como tomar la decisión para dejar de distraerte con videos o redes sociales mientras trabajas, o tal vez puede ser tan productivo como terminar tus tareas del día exitosamente sin retrasos ni excusas. Tal vez puede ser empezar a tomar mejores decisiones en tu alimentación.

Convierte ese limitante en un ejemplo de lo que es posible no solo para ti, pero también para otros alrededor de ti porque recuerda que no necesariamente necesitas ser un padre de familia para ser un modelo a seguir; siempre hay alguien quien te admira y tus decisiones afectarán no sólo tu futuro, pero también el de otras personas.

El tiempo que toma mejorar tu forma de pensar, es el tiempo que te toma para empezar a mejorar tu vida. Respirar unos segundos para tomar buenas decisiones puede hacer grandes diferencias.

¿Qué limitante eliminarás al dar un buen ejemplo hoy?

Para tener un exterior relajado y en paz solo necesitas cuidar que tus pensamientos no se conviertan en palabras que no tengan coherencia con tus acciones.

Si continuamente dices una cosa y haces otra, tu cuerpo podrá estar relajado, pero tu mente no estará en paz porque tú mismo creas tu ansiedad al no cumplir tu palabra y eso también puede causar que pierdas el respeto de otras personas lo cual afectará tu estado emocional; y la amargura limita tu felicidad.

Tal vez tengas montañas que escalar y no sabes por dónde empezar, solo recuerda cuidar tus pensamientos para crear el exterior que quieres, con el interior que mereces.

Empieza a crear credibilidad en ti mismo y te aseguro que tu autoestima incrementará, tu fe aumentará y notarás como más personas confiarán en ti.

Un ejercicio para hoy es, piensa cuales son dos cosas que has dicho públicamente que harás, pero has fallado en hacerlas.

Decide tomar acción hoy o decide solo hablar intencionalmente para no decepcionarte a ti mismo.

Si creas una excusa simple y sencillamente no lo quieres lo suficiente y tarde o temprano crear excusas se convierte en un hábito que no te ayuda y sólo te perjudica. Analiza esto, ¿has contratado algún empleado que no generó resultados y sólo entregó excusas?

A nadie le gusta pagar un sueldo a quién no produce, pero la pregunta importante es ¿a quién vas a contratar para reemplazar a esa persona? O tal vez necesitas preguntar si tú eres alguien al que deben de reemplazar.

Recuerda que eres lo que soportas entonces si quieres una vida próspera y feliz, eleva tus estándares y deja las excusas propias y tampoco aceptes ni una.

La próxima vez que alguien te dé una excusa pide que sea sincero por unos segundos y te ofrezca la verdadera razón; esto no te generará amigos, pero ¿quién quiere "amigos o relaciones" insinceras?

Al dejar de crear o recibir excusas te brinda la oportunidad para crear un camino y obtener lo que deseas y necesitas. En ocasiones necesitas preguntar ¿por qué no? Para reconocer con claridad un posible problema. Una vez identificado la raíz del motivo por el cual te ha detenido, entonces puedes empezar a buscar la solución para tomar acción estratégica y arreglarlo. Si no puedes mencionar claramente que quisieras que estuviera ocurriendo; aún no tienes un problema. Solo es una queja.

Kenneth H. Blanchard dijo. *"Un problema sólo existe cuando hay una diferencia entre lo que actualmente está ocurriendo y lo que desearías que ocurriera".*

Entonces primero identifica el problema preguntando ¿por qué no está ocurriendo lo que debería de ocurrir? Y después pregúntate ¿cuál es la mejor opción posible para solucionarlo en este momento? Y toma acción en ese mismo instante.

Nadie puede solucionar un problema hasta no conocer la raíz de ese problema. Suena sencillo, pero muchas personas en gerencias han demostrado que si no incorporas y prácticas este proceso analítico solo gastarás recursos reaccionando en lugar de solucionar y prevenir a futuro.

Conoce la raíz de tus problemas y modifica o reemplaza esa semilla, porque siempre cosecharás lo que siembras.

No confundas actividad con acontecimiento. ¿Qué meta necesitas lograr para ganarte un descanso? Sólo porque es un fin de semana no significa que tu objetivo terminó. No importa si es una dieta, ejercicio, trabajo, tarea del hogar o alguna superación personal, termina todo antes de salir a festejar.

Recuerda que puede haber alguien quien quiera las cosas más que tú y para el lunes será muy tarde para que empieces de nuevo a incrementar tus ventas o tal vez en dar seguimiento a esa persona quien interrumpe tu concentración por su atracción. Prioridades antes de placeres no significa que no te diviertas o no te relajes, solo significa que la balanza debe tener más peso en tus prioridades productivas sobre los placeres improductivos.
¿Qué filosofía de vida y qué actividades practicas diariamente para fortalecer tus virtudes?

Los valores son principios para orientar tus preferencias, tus selecciones y tus acciones en malos momentos, pero si los practicas en los buenos, crearás una mejora continua porque la capacidad que tienes para desarrollarte es infinita. Entre más valores tengas en tu cultura, más acontecimientos lograrás y podrás disfrutar de mejores descansos.

Y si tu organización y administración del tiempo no necesitan ayuda, entonces analiza que tiene prioridad en tus finanzas, ¿qué debes pagar o en que debes invertir antes de gastar en algo que no es importante ni urgente?

Día 21
Nunca introduzcas un cambio sin primero introducir ese cambio a tus equipos.

En *lean* nos enfocamos a reducir o eliminar las acciones que no agregan valor al cliente interno, externo o al consumidor final; creando, entrenando y practicando una mejora a lo largo y a lo ancho de las organizaciones. Y donde busques desperdicios muy probablemente los encontrarás, tal vez no a simple vista y tampoco rápido, hay cosas que nunca se han medio y necesitas invertir en crear y analizar métricas, pero ningún programa de mejora servirá si las personas que lo deben implementar no lo usan y menos si no lo comprenden.

Nunca introduzcas un cambio, sin primero introducir ese cambio a tus empleados, ellos más que saber qué deben hacer, necesitan comprender por qué se hace. Comprender el porque hacer algo es muy importante, debido a que al saber las razones incrementan la probabilidad de evitar errores. Conozco empresas que continuamente pierden dinero en errores que sus empleado cometen por el simple hecho de no saber porque se hacía una actividad de una manera específica. Si no conocen que pueden causar, no estarán atentos a evitarlo, y también si no conocen que se quiere lograr, no podrán aportar soluciones o mejoras.

Así como algunos de ustedes son muy específicos para instruir como quieren que limpien los muebles de sus casas, su ropa, como quieren que les preparen la comida, deben de utilizar esa claridad y supervisión en su servicio al cliente porque una herramienta por sí sola no funcionará. De lo nuevo que has aprendido en este libro, ¿qué es un cambio que necesitas introducir a tus equipos para comenzar a implementar?

De lo que acabas de leer ¿qué información será de beneficio que compartas con otras personas hoy?_____

Escribe cinco beneficios específicos que generarás al crear tu credibilidad.

_____

_____

Escribe que causarás al continuar diciendo una cosa y haciendo otra.

_____

_____

Al leer y practicar este contenido estás creando oportunidades de crecimiento y mejoras, pero recuerda que cualquier lectura, herramienta o procesos de calidad no servirán si no las comprendes y más importante si no las aplicas.

MEJORANDO COMO GERENTE

Semana

4

Es excelente tener buena autoestima, pero como cualquier cosa en exceso y sin control la mayoría de las veces perjudica más de lo que te beneficia.

Tu ego puede estar limitando tu prosperidad y abundancia porque es el pensamiento de que eres superior a la actividad o a los valores necesarios a realizar.

Hay dos frases que mantienen una mente necia y una vida limitada y esas son: eso ya lo sé; y ¿cómo voy hacer eso yo?

No importa si es algo sencillo como empezar hacer ejercicio o tomando clases a pesar de ser mayor al resto de los alumnos. si es tocar puertas para crecer tu negocio o aceptar que puedes aprender algo de cualquier persona.

No permitas que tus miedos o tu ego te mantengan sin crecer; eres más fuerte que eso. Pregúntate. ¿Qué es algo que me avergüenza ser visto que empiezo desde abajo?

Recuerda: Nadie piensa tanto en ti; como tú piensas en ti.

Muchos no hacen las cosas por el miedo de ser visto que empiezan desde abajo; no seas como muchas personas.

No tienes ninguna obligación de ser la persona que fuiste hace un año, un mes, incluso hace un minuto. ¿Qué has hecho hoy que sea diferente o mejor? Desde algo sencillo como decidir no cenar pesado después de cierta hora; tomar más agua; decir por favor y gracias, o decidir disfrutar lo que tienes frente a ti. Son miles de pequeñas posibles modificaciones con grandes resultados los que puedes decidir tomar. Tienes un espacio ilimitado para mejorar y nadie sin importar su estatus económico o su nivel de popularidad, nadie debe limitar tu prosperidad. Quiero que escuches con atención unas palabras de Benjamin Franklin, quien dijo: *"Ser ignorante no es tanto una vergüenza como no estar dispuesto a aprender"*. Tal vez no conoces como funciona tu negocio, tu aparato electrónico, tal vez presumes que puedes comprar botellas de whisky añejo pero no conoces la diferencia entre whisky de cebada y de trigo, no importa si hasta hoy no conoces muchas cosas, pero quiero inculcar esto; *tienes el derecho de cambiar y mejorar; no desperdicies esa oportunidad*. Si te preguntas por qué importa todo esto, incluso si estás desesperado por escuchar técnicas específicas para el manejo de equipos de tu gerencia, te diré que todos los gerentes son humanos, son personas con estos problemas y si obtendrás estrategias más específicas, pero es fundamental que mejores como persona, que mejores tu vida fuera del trabajo, para que seas mejor en el trabajo. En las grandes compañías implementamos *Dream Management* (gestión de sueños) con el cual ayudamos a los empleados a lograr sus metas personales para que estén enfocados y más comprometidos con la empresa. Es un tema muy interesante que en otra ocasión entraré en detalle, pero tú como gerente también lo necesitas. Implementa todo esto y te prometo que todo tendrá sentido cuando veas los resultados.

Hace unas semanas estaba platicando de servicio al cliente con un empresario reconocido y me dijo que él no tenía un departamento designado y que no lo necesitaba. Escucha con atención mi respuesta. Le dije: Jorge, tu decisión en base a todos tus años de experiencia y tu éxito económico está incorrecta por dos razones y la primera es que lo más importante de un negocio es el cliente, y si no sabes por qué, simplemente dime: ¿cómo es un negocio que no trata con altos estándares a sus clientes, o peor aún cómo es un negocio sin clientes?

Ustedes saben que los tiempos cambian, antes las compañías estaban enfocadas a productos o servicios diciendo nosotros vendemos muebles, bebidas energéticas o computadoras; pero las grandes empresas ahora están enfocadas al cliente y su segmentación de mercado les permite crear su estrategia para calidad y el éxito.

Desde la tarea más insignificante hasta la más importante el objetivo de ambas deben de satisfacer al cliente o ayudar a otros para que ellos logren esto y en el momento que cambias tu perspectiva con enfoque a quien atiendes, como lo atiendes y para que lo atiendes, es el momento que tu organización comienza a crear su misión y visión la que en ocasiones tantos presumen, pero muchos no recuerdan el texto de sus letreros y por eso contratan a las personas incorrectas o realizan prácticas insuficientes para satisfacer el mercado y ser líder en la industria.

El error más costoso para un empresario, o para el gerente quien dirige la empresa, es pensar o tratar a los departamentos por separado. Claro que tienen diferentes tareas y metas, pero la responsabilidad de entregar excelencia al cliente debe ser compartida por todos.

La sinergia de una organización es tan importante porque el momento que uno se retrasa o baja su calidad, tu máquina de dinero comienza a desalinearse.

Entonces para tener un mejor servicio al cliente, primero tienes que confirmar que tus empleados conozcan sus responsabilidades, las políticas de tu empresa y por último es sumamente importante que todos usen el mismo lenguaje para evitar que unos comprendan las cosas de una manera y otros asuman las cosas de otra.

Haz la prueba hoy, y pregunta a todos tus empleados: ¿específicamente cómo se debe sentir cada cliente al terminar su negocio con nosotros?

Una sola respuesta diferente significa que no tienen objetivos en común y ese es otro problema que evita que brindes excelencia en tu servicio.

La importancia de la sinergia a lo ancho y a lo largo de la organización como muchas cosas que les digo, también es solo el comienzo porque podemos hablar específicamente por horas, pero ustedes solo tienen unos minutos conmigo en este medio, entonces en 30 segundos les daré mis 3 reglas de servicio al cliente las cuales son las semillas para crear un paraíso.

1.- Nunca serás lo suficiente rico o importante para tratar de mala manera a una persona quién no se lo merece.

2.- La ley de Murphy es fundamental para mi filosofía.

Todo lo malo que pueda pasar en una situación pasará, si lo permites. ¿Cómo es tu escolta avanzada? Si tu gran experiencia y éxitos no te permiten prevenir o aprovechar situaciones no tienes la esencia del conocimiento; lo cual es aplicarlo.

3.- Entrena primero la mente y después la habilidad como los guerreros Sōhei. Conozco personas con discapacidades físicas quienes han logrado más que personas con el privilegio de caminar.

Nuestra imaginación es nuestra limitante.

En este punto del programa ya deben saber que uso muchas analogías; mencioné el concepto de escolta avanzada para tu servicio al cliente, pero unos no lograron hacer la conexión entonces te explico rápidamente.

En otras ocasiones les he dicho lo peligroso que es estar preso a una sola manera de ver las cosas y también lo peligroso que puede ser no querer ver las cosas negativas.

Por eso es importante tener una escolta avanzada la cual se encargará de analizar todo lo malo que puede pasar en base a la situación, el personal o la estrategia y esta se comunica con tu equipo base para actualizar el reconocimiento y adaptar o modificar su plan.

Entonces no es suficiente tener una misión y visión, tener los manuales operativos, tener evaluaciones y supervisión; también es necesario tener este equipo quien detectará las posibles amenazas a tu organización, desde personal ineficiente, un plan incompleto, la calidad de ejecución o cualquier otra cosa que pueda pasar.

Por eso cuando conozco tu destino deseado te hago saber exactamente todas tus fallas para prevenir errores y despejar tu camino para lograr ese buen ambiente de trabajo y buen servicio al cliente quienes todos quieren, pero pocos dominan.

Enfoca tu mente a tu futuro para arreglar tu presente utilizando experiencias del pasado. Todos tenemos un espacio indefinido para mejorar.

Saber despedir es tan importante como contratar. Afectará o beneficiará la productividad e influirá en el ambiente laboral si es hecho incorrectamente. Y si no es hecho; tus finanzas y la economía de tu futuro estarán en riesgo.

Si tú no vas a despedir, lee con atención y aprende para no ser despedido porque tus superiores se están preparando para ser más productivos.

Ahora, primero lo primero; antes de comenzar a despedir necesitas saber claramente porque lo despides para no continuar cometiendo errores, entonces pregúntate esto.

¿Cómo evalúo el desempeño de mis empleados?

¿Tengo las herramientas y los procesos correctos para tomar decisiones educadas y profesionales o simplemente manejo mi negocio sin control?

¿He brindado la capacitación correcta a mis empleados y tienen claro sus responsabilidades y mis expectativas así como nuestra filosofía de trabajo?

Muchos de ustedes quieren ser rápidos con el gatillo, pero no saben de balística y no tienen buena puntería. Antes de afirmar que tu empleado falló, analiza si tú fallaste porque el responsable de tu organización eres tú. Si tu empleado falla no es su culpa. Es tú culpa por seleccionar mal, por falta de capacitación, comunicación y procesos de calidad para tomar decisiones efectivas.

Cuando menciono que muchos son rápidos con el gatillo, pero no tienen puntería al momento de despedir, eso es una analogía y demuestra la calidad de tu comprensión, análisis y ejecución de acciones, porque cuando presumes "de tu experiencia", pero ésta no es suficiente para prevenir problemas entonces si eres profesional como aclamas dime: ¿qué has aprendido?

No es inteligente despedir entre semana y menos al principio de un turno. Se despide el fin de semana, al terminar su turno, de esa forma ayudará a evitar drama e incomodidad con el resto del personal el cual podrá reflejarse en el trato al cliente.

Sentido común no siempre es práctica común, por eso recomiendo no despedir frente a clientes o incluso frente a varios empleados. De preferencia se despide en una oficina o lugar despejado. Pide tener un testigo por razones legales y de seguridad porque pueden actuar de forma violenta.

Si piensas que esto es redundante, no lo es porque muchos tienen que dejar de jugar al jefe y comenzar actuar como uno; pero no todos están hechos para mandar.

Sé que a muchas personas no se les facilita despedir a un empleado. Se relacionan con la persona o con la situación de alguna manera y tienden a sentirse emocionalmente ligados. La verdad es que si no tienes el carácter para despedir, no tienes la capacidad requerida para ser supervisor, gerente o tener cualquier puesto donde personas dependan de ti porque siempre cambiarás tu objetivo a cumplir debido a las excusas otorgadas por empleados, y siempre estarás bajando el nivel de la compañía paso a paso hasta llevarla a su fracaso.

Despedir rápido no es decir las palabras en un enunciado, es tomar la decisión y preparación para llevarla a cabo en una sola acción.

Cuando decidas hacer esto ten preparados los documentos necesarios a firmar y entregar junto con cualquier pago faltante. No es inteligente despedir y solicitar que regresen más tarde u otro día para la liquidación. Decide y despide rápido en una sola acción.

Hay muchas más estrategias y razones para despedir, un ejemplo es el de Jack Welch quien fue nombrado "el gerente más odiado de la historia" pero sus estrategias para reducir ineficiencia ayudaron a GE -*General Electric*- a crecer la compañía como lo hizo.

Una de las estrategias de Welch era que cada año por medio de análisis operacionales y de comportamiento eliminaba 10 % de su personal creando competitividad y elevando la calidad de trabajo de cada persona con capacitación constante. Era fácil seleccionar a los empleados que simplemente no estaban alineados con la cultura de trabajo y los estándares de la compañía.

Entonces hoy te pido que analices tu negocio y te preguntes, ¿quiénes son el 10 % de mis empleados quienes impiden que la organización se desarrolle económicamente e influyen de manera limitante y negativa al resto del personal?

Identificando a esas personas puedes ofrecer advertencias antes de tomar el paso final con el cual ya tienes 3 nuevas estrategias para lograr de forma más efectiva porque cuidando tu negocio, cuidas tu futuro.

Si la oportunidad no ha tocado tu puerta, muy probable es debido a que no sabe quién eres ni donde estás. ¿Qué haces para que tu puerta sea visible?

Las personas exitosas e importantes tienen decenas de llamadas, decenas de correos electrónicos y varias juntas diariamente. ¿Qué probabilidad tienes de que toquen "tu puerta" si sólo hiciste 1 o 2 llamadas? Si sólo mandaste un correo, pero no visitaste. Si no sobresales en uno y todos los aspectos en comparación de tu competencia. Necesitas dominar en todo lo que haces.

Como siempre les menciono implementa lo bueno de donde puedas y a mí me encantan las películas, entonces vamos a interactuar con esta trivia. Sin buscar en internet, ¿quién sabe cómo Bud Fox consiguió la junta con Gordon Gekko? Ambición, persistencia, consistencia, concentración, disciplina, esas son las virtudes que necesitas para mejorar tu economía.

En términos sencillos; *nadie te debe nada. el éxito es tu responsabilidad; si no lo estas creando no es por falta de capacidad, sino por falta de determinación.*
Hay dos tipos de personas: las víctimas que sólo reaccionan a las circunstancias y los sabios quienes se preparan para ellas.

Te contaré una corta historia que resalta la importancia de los valores y de la iniciativa para aprovechar las oportunidades.

Había dos agricultores quienes pasaban por una sequía, uno de ellos siempre rezaba por lluvia y dejaba su destino en esperanza. El otro agricultor, a pesar de su fe, él creaba su propio destino. Pasaron meses en sequía hasta que un día hubo una tormenta.

El primer agricultor como muchos se quejaba de no tener los recursos, pedía y pedía por lluvia, pero cuando llovió produjo pretextos y volvió a pedir más ayuda por sus negligencias de preparar la siembra.

El otro campesino había reconocido sus errores pasados, los confronto de frente y se comprometió a nunca más repetirlos. Sembró semilla; creó un sistema de recolección y almacenaje de agua; se preparó para aprovechar cualquier situación.

Entonces dime ¿cuál agricultor de esta historia eres tú? Y ¿qué estás haciendo para mejorar tu negocio?

Recuerda, esperanza es la hermana pobre de la fe.

Tú eres el creador de tu destino y el éxito es tu responsabilidad.

Entonces para terminar el día de hoy dime: ¿qué iniciativa y qué valores estás implementando para crear oportunidades de prosperidad?

¿Necesitas tener un discurso de ventas, material didáctico, lista de precios, una presentación?

No pierdas una oportunidad por no buscarla o por no prepararte.

Solo porque has hecho algo no significa que sabes cómo hacerlo, muchos empresarios demuestran esto con la selección de su personal.

Hoy aprenderás a cuidar tu negocio con técnicas para contratar a tu personal.

Los empresarios o gerentes que no estudian y dominan sus métodos de contratación, insultan a sus clientes al contratar a personas que no darán el servicio adecuado.

Si te importa la prosperidad de tu negocio y tu profesionalismo y has cometido errores al contratar; hoy tienes una oportunidad para mejorar tu perspectiva, aprender nuevas y mejores estrategias para tu proceso de selección.

Siempre es más caro y en ocasiones contraproducerte contratar a las personas incorrectas. Apréndete esto: *contrata despacio; nunca contrates en la primera entrevista; despide rápido en una sola acción.*

- **Asegúrate de tener el cuestionario correcto para obtener las respuestas adecuadas.** Sin importar la cantidad de preguntas personalizadas que hagas, te recomiendo que preguntes las siguientes cinco.

  - **Pregunta que no les gustó de su trabajo anterior.**
    Descubrirás si es una persona negativa, problemática, ambiciosa, etcétera.

  - **Pregunta por sus deficiencias.**
    Puedes identificar disponibilidad para perseverancia.

- **Pregunta qué metas quieren cumplir.**

  Descubrirás su fecha límite de trabajo, tal vez quieran regresar a la escuela, viajar, entre otras cosas y solo necesitan un trabajo temporal.

- **Pregunta en que sobresale.**

  Puedes obtener información para posibles futuras promociones de puestos.

- **Pregunta claramente cuánto es su deseo y necesidad monetaria.**

  Aprenderás sus verdaderas necesidades, sabrás su posible desempeño y estimarás su estancia en tu empresa.

- **Nunca contrates en la primera entrevista.**

Analiza sus comportamientos, consulta sus referencias y vuelve a entrevistar; en la segunda entrevista selecciona a otra persona para que vea lo que tú no ves. No importa el puesto, no entregues las llaves de tu negocio a cualquiera en la primera.

- **Aplica una entrevista física laboral.**

Con horas pagadas delega un trabajo cotidiano del puesto a ocupar y conociendo el tiempo suficiente para completar la tarea. Si se tardan más significa dos cosas; no será productivo, sólo "mata" el tiempo y número dos, puede haber mentido en su currículum y desconoce como hacer la actividad y así lo desmientes. También podrás descubrir su ética de trabajo que ayudará a incrementar tu eficiencia.

- **Extiende un valor de aportación a tu personal.**

Otorgándoles la oportunidad de opinar sobre la persona que estás considerando integrar al equipo ayudará a crear una mejor cultura de trabajo. También darás la responsabilidad de aceptar o no a otra persona.

- **Aplica la *STAR Interview Technique*** (técnica de entrevista ESTRELLA por sus siglas en Inglés).

S (*situation* / situación).
T (*task* / tarea).
A (*action taken* / acción que tomó).
R (*results achieved* / resultados obtenidos).

El perfecto ejemplo de la técnica *STAR* es una historia que contó Steve Wynn -conocido por sus hoteles de lujo y casinos- cuando fue entrevistado por Tony Robbins -coach estratega- en el programa de televisión Pierce Morgan.

El señor Wynn platicó que en uno de sus hoteles, un botones acompañó a los huéspedes con su equipaje a la habitación y escuchó que comentaron preocupadamente que se les habían olvidado unas pastillas importantes y tendrían que cancelar el viaje para regresar por ellas (situación).

El botones les preguntó dónde vivían y si había alguien que podía abrir la puerta. Le contestaron que vivían en Los Ángeles y su ama de casa tenía llaves. El botones les dijo que alguien iría por las medicinas y que no se preocuparan, que la siguiente mañana a primera hora tendrían sus medicamentos. El botones habló a su hermano para que fuera a recoger las medicinas. Le platicó la situación a su jefe de departamento, se subió a su carro y manejo de Las Vegas, Nevada a Los Ángeles, California. Recogió las medicinas y se regresó manejando toda la noche (acción tomada).

La mañana siguiente en punto de las 7:00 am, las medicinas estaban en la habitación de los huéspedes (resultado obtenido). Está técnica ayuda a identificar una persona que resuelve problemas; un empleado ideal.

- **Explica claramente las obligaciones del puesto.**

De antemano no hay sorpresas ni malentendidos que perjudiquen la productividad, necesitas conocer perfectamente el puesto que ofreces.

- **Da seguimiento a tus preguntas.**

Se aprenden más detalles haciendo seguimiento con otras preguntas en base a las respuestas, esto se llama la pregunta detrás de la pregunta. Siempre conseguirás más información al hacer correctamente las preguntas subsecuentes en relación a la principal.

Sin importar el puesto, únicamente contratas para incrementar tu productividad y no permitirás personajes que interrumpan tu camino al éxito.

Recuerda que todos tenemos el derecho de trabajar, *pero que nos contraten es un privilegio.*

No importa a quien entrevistes, si no actúa de esa manera, no es digno de la oportunidad que ofreces.

Si quieres personalizar y dominar tu técnica para entrevistar y crear un equipo de trabajo que te generará excelentes ingresos, puedes contactarme para ayudarte a optimizar tus métodos y acortar tu curva de aprendizaje. Todos los manuales operativos para Recursos Humanos que diseño son multimedia (audio, texto y video) todos con el objetivo de reducir todo desperdicio de trabajo, energía, tiempo y dinero en selección, inducción, capacitación, desarrollo y retención de personal.

Si eres dueño, director o gerente debes conocer esto para seleccionar mejor, si eres un gerente de un departamento que normalmente no hace contrataciones como ventas, producción, seguridad, etcétera, también necesitas aprender estas cosas porque debes incluirte en el proceso con Recursos Humanos porque ellos por más preparados que estén jamás conocerán lo requerido en las trincheras día a día como tú lo conoces; eso simplemente no se aprecia igual en un perfil de puesto o trabajo estándar.

Y si eres una persona que no tiene ninguno de estos puestos recuerda que lo que haces fuera de tu trabajo determinará cuánto ganas en tu trabajo, y no debes cometer el error que la mayoría de los profesionales cometen y ese es que solo trabajan para el puesto que tienen y no trabajan para el puesto que desean tener. Te aseguro que si quieres ser el director o CEO de una gran empresa necesitas aprender a seleccionar a tus equipos.

Busca mis otros libros donde me enfoco en las prácticas básicas, pero efectivas de Recursos Humanos o contáctame a mi directo al 662-402-0168, en Linkedin estoy como Francisco Luis Marino o escríbeme a mi correc personal en: franciscoluismarino@gmail.com

Si estás a punto de invertir en motivación para tu equipo de trabajo, analiza esto antes de malgastar tu dinero. Si, dije mal gastar; y sé que no será aplicable para todos, pero sí sé que es para la mayoría. Vamos a revisar los hechos. Quieres contratar a un motivador para solucionar el problema que piensas que tienes… ese de baja motivación. Al menos que en una sola conversación muevas una varita y conviertas al flojo en alguien con acción vehemente; al desinteresado crearle convicción en calidad de servicio, y si en unas horas no puedes convertir a un negativo en optimista, pues tal vez tu mejor opción es llevarlos a ver una película familiar al cine y obtendrán el mismo sentimiento.

Si quieres arreglar tu problema de baja motivación en tu departamento, comienza por los altos mandos. Conozco personas que ocupan el cargo de jefe de área o gerentes de departamento y son los principales problemas de la organización. Me ha tocado trabajar en compañías multinacionales donde los gerentes de alto nivel dicen cosas que no deberían, no capacitan, no supervisan, no guían… algunos incluso generan varios tipos de acosos. Conozco hasta Universidades que no tienen un proceso de inducción y los nuevos miembros sufren porque no saben si hacen bien el trabajo o no, les exigen sin enseñarles; así muchas empresas "avientan al mar sin enseñar a nadar" y luego se preguntan porque tienen baja motivación.

Primero asegúrate de tener el perfil y tus procesos correctos y después de solucionar las causas, no necesitarás atender los síntomas. Recuerda, nada es una coincidencia porque todo es una consecuencia. Investiga y soluciona de raíz por qué tienes baja motivación y mala moral en tus equipos.

Preguntas y plan de acción para la cuarta semana.

¿Cómo puedes ayudar a tu universo conocido con lo que acabas de leer?

_____

¿Cuáles son los dos mensajes más importantes que captaste de este contenido?

_____

_____

¿Con qué necesitas ayuda para avanzar al siguiente nivel y que harás al respecto?

_____

¿Qué comenzarás hacer para asegurar incrementar la motivación de tu equipo?

_____

Al leer y practicar este contenido estás creando oportunidades de crecimiento y mejoras, pero recuerda que cualquier lectura, herramienta o procesos de calidad no servirán si no las comprendes y más importante si no las aplicas.

MEJORANDO COMO GERENTE

Semana

5

Si en tu empresa quieres incrementar la productividad, mejorar el servicio al cliente, mejorar la calidad que fluye a lo largo y a lo ancho de tu organización, si quieres evitar errores y desperdicios y evitar un mal ambiente de trabajo, solo necesitas aplicar todos los días mi ciclo REM, que significa: retroalimentación, expectativas y metas. Es muy importante que aprendas a brindar retroalimentación porque si es hecho incorrectamente te generará más problemas de los que tienes. Yo tengo un modelo muy específico y efectivo que ha ayudado a crecer hasta un 20 % las empresas de mis clientes en un corto periodo de tres meses desde que se comenzó a implementar correctamente. La comunicación y la organización es fundamental para cualquiera, no solo para las grandes empresas. Si tú solo tienes cientos de empleados, decenas incluso si son solamente unos pocos; todos necesitan retroalimentación; incluso tú como líder.

Siempre que les hable de estudios y encuestas es información que obtuve y tú puedes encontrar en: Gallup, McKinsey, HBR y MIT. En base a extensos estudios y encuestas a más de 8,000 gerentes, se ha visto que menos del 19 % sabe brindar retroalimentación de manera correcta para que en realidad incremente la calidad y productividad de la organización. Entonces solo porque describes que está sucediendo mal o porque das una recomendación, no significa que sabes solucionar el problema de la manera más efectiva para tu cliente. Analiza si debes de aprender a guiar a tus equipos porque la retroalimentación es una herramienta de un líder efectivo.

Para mejorar tu liderazgo no solo debes de aprender a crecer y mejorar tu equipo con retroalimentación, también necesitas aprender 11 cosas, y una de ellas es conocer los roles destructivos. En Six Sigma tenemos seis los cuales son: el agresor, el dominador, el abogado del diablo, el saltador de temas y el removedor.

Hoy nos enfocaremos al último porque muchos dueños y gerentes de negocios, de micro y pequeñas empresas practican el rol del removedor y es una de las razones por las que limitan el crecimiento de su organización y provocan un mal ambiente de trabajo. Para los que piensan que no son pequeñas empresas, les recordaré que al menos que generen más de 100 millones de pesos al año en ventas, no importa si tienes decenas de empleados; eres una pequeña empresa. Si eres dueño o estás en una posición de mando y aprovechas recursos de la empresa para tus beneficios personales, eres un removedor.

No importa si son pequeños mandados como ir por tu ropa a la tintorería, lavar el carro, ir a comprar comida o gestiones importantes como pagar servicios o hacer otras de tus tareas, si utilizas a tus empleados para estas actividades, ellos sentirán ansiedad o estrés porque se atrasan en sus responsabilidades diarias. Lo importante saber es, ¿tus empleados sienten la seguridad de poder negar tus solicitudes personales? ¿O temen perder su empleo o ser regañados?

Si la respuesta es la última eres un removedor y practicas un mal liderazgo. Comienza a solucionar esto contratando un asistente personal y no reduzcas la importancia de tus empleados, pero algo aún más importante es comenzar a estudiar, entrenar y practicar un liderazgo efectivo y estructurado para poder repetir tus éxitos de gerencia con una buena retroalimentación. Mi programa de *high level coaching* Ejecución efectiva puede ser lo que necesita tu organización para llevarla al siguiente nivel. Háblame y con gusto te platico más.

¿Quieres saber si estás haciendo un mal trabajo como jefe?

En un minuto sabrás si necesitas cambiar tu estrategia de contratación y liderazgo para lograr la prosperidad que deseas.

Respóndeme con sinceridad estas preguntas *¿confías en tus empleados? ¿Confías en que no divulguen información confidencial? ¿Confías para que atiendan situaciones críticas de tu empresa? ¿Confías en ellos para que solucionen tus problemas del día a día? O lo más mínimo ¿confías que no te brindarán problemas?*

Si tu respuesta fue *no;* comprendo que hay personas quienes han actuado de una manera incorrecta y por eso perdieron tu confianza en ellos, ese no es el problema. El problema es *¿por qué sigues trabajando con ellos?*

La cultura de un negocio es como una persona, solo es lo que soporta. Como dueño, o jefe de cualquier organización estás ocupado con cosas importantes como para estar dudando de la lealtad de tus equipos. Necesitas personas que cuiden de ti y de la compañía. Necesitas que la jerarquía inferior a ti funcione como tus asesores para prevenir problemas y crecer como equipo, pero eso nunca sucederá si no existe la confianza entre ustedes. Esto se puede solucionar con un simple protocolo oficial que atienda de la manera más efectiva los malos comportamientos, pero entonces lo que tienes que decidir hoy es si deseas continuar trabajando con productividad limitada por desconfianza, o si deseas tomar la decisión que solo los gigantes toman y esa es dejar lo bueno para ir por grandioso. No temas en contratar personas mejores que tú; es la mejor forma de crecer una organización privada o pública.

¿Quieres contratar para un puesto de alto nivel y quieres hacer todo lo posible para realizar una buena selección y reducir problemas?

Te daré dos recomendaciones que sin duda alguna te ayudarán a contratar a tu próximo jefe o gerente.

La primera es que lo invites a comer y convivir con el grupo que tendrá directamente bajo su cargo y con una actividad en grupo que presenten un problema que ya han solucionado exitosamente y preguntarle al postulante ¿cuál sería su plan de acción para resolverlo? Esto es para que todos analicen su manera de solucionar problemas, dirigir equipos y mantener la calidad. El otro motivo para realizar este convivio es para evaluar su comportamiento en un ambiente social amigable y con acceso a alcohol. Quieres ver si mantiene su respeto, o si rápidamente expresa vulgaridades. Solo imagínate si en el proceso de reclutamiento no mantiene una buena disciplina, ¿cómo será seis o doce meses después de su contratación oficial?

Después de evaluar todo, hay una pregunta que te ayudará a analizar lo que has estudiado y presenciado del postulante y esa es, *¿es tan buena persona y jefe que me gustaría que mis hijos trabajen bajo su mando?*

Eleva tus selecciones a esos estándares y comenzarás a dirigirte a la clase mundial porque las grandes empresas son dirigidas por grandes personas. Si quieres lo mejor para tus hijos, para tus empleados y para tus clientes ¡demuéstralo!

Muchas personas están tan ocupadas con las cosas del día a día que simplemente ya no ven el desorden físico, no ven el desorden organizacional, y en muchos casos no ven el desorden en el servicio al cliente interno o externo. Si quieres lograr cosas aún más grandes de las que has logrado hay algo en específico que necesitas hacer y eso es contratar a una persona externa a tu organización que realice análisis operacionales. Necesitas alguien que de observaciones objetivas, que te brinde una nueva perspectiva porque una de las cosas más comunes en cualquier organización es la ceguera de taller.

Hay cosas tan sencillas que para una persona que no está entrenada en *lean* parecería no afectar la productividad, pero muchos pierden tiempo solo buscando cosas como documentos, productos o hasta herramientas básicas de trabajo, algunos no cuantifican el efecto de su ergonomía en productividad, calidad o incluso no miden cómo afecta sus finanzas corporativas; por eso necesitas que realicen una auditoría de 5S (sistema de organización y manejo visual) para asegurarse que exista un lugar para cada cosa y que cada cosa esté en su lugar.

Un lugar de trabajo desordenado y sucio definitivamente limita la productividad, causa baja motivación y puede provocar condiciones inseguras; y la seguridad industrial siempre es un factor importante para considerar.

También necesitas una auditoría de calidad en todos los procesos de tu negocio. Entonces, independiente de que busques una persona que te ayude a incrementar tu productividad, hoy haz una lista de cosas que te gustaría ver en tu negocio y sal a verificar si las tienes o no. Y recuerda que bueno nunca es suficientemente bueno. Se mejor.

El decano de Harvard Business School, Nitin Nohria, dice que como individuo solo somos tan buenos como la forma en la que podemos trabajar con otras personas para hacer las cosas. Por eso hoy les comparto el principio 11.3 de Ray Dalio en el cual yo creo mucho. Este principio dice: *"Sé muy específico con problemas; no comiences con generalizaciones. Evita lo anónimo de nosotros y ustedes"*.

Yo incorporé esto a mi metodología de trabajo porque no me gusta generalizar; cuando dices nosotros, ustedes o el equipo, estás reduciendo el buen trabajo de los que fueron diligentes y efectivos y estas enmascarando el bajo desempeño de una persona en específico. Las cosas se hacen o no se hacen por cosas muy específicas que alguna persona específica hizo o no hizo. No diluyas la responsabilidad o desmotives al que es productivo por miedo a incomodar los sentimientos de una persona.

No digo que seas abusivo, injusto o grosero, pero si no tienes el valor de realizar conversaciones difíciles tendrás un grave problema siendo padre de familia o un líder.

Por eso en la reunión de hoy y por el bien de tu organización debes de preguntar ¿cuántas y cuáles metas de la semana pasada no se lograron? Y específicamente ¿qué harán para lograrlo esta semana? No es microgestionar, pero necesitas mantener responsable a las personas para ganar porque para sacar lo mejor de una persona tienes que dirigirte directamente a esa persona.

Confronta, ayuda y dirige.

¿Quieres saber porque las personas prefieren manejar 10 kilómetros más lejos que tu establecimiento para comer o consumir en otro lugar? Te daré un ejercicio para realizarlo hoy mismo y comiences a crear un plan de corrección y mejorar continuamente, pero antes necesito que reflexiones esto. *¿Has escuchado el dicho, atiende como quieres ser atendido?* Ignoralo, no sirve la mayoría de las veces porque yo no quiero que me atiendan como a otros. A algunos no les importa la higiene, no les molesta la desorganización y tal vez son llevados e imprudentes. Yo no quiero ser tratado así, y conozco muchos quienes concuerdan conmigo. Entonces conoce las expectativas de tu mercado y realiza auditorías de calidad en protocolos, limpieza, servicio al cliente, ventas y organización.

Tú como gerente y tu supervisor salgan y verifiquen con una lista que todo esté inmaculado y en orden. Suena sencillo, pero en los negocios todo cuenta y si los decibeles están muy altos, si la temperatura no es la adecuada, si la iluminación es insuficiente, si la música no pertenece, si hay algo sucio, ustedes están limitando el potencial del negocio.

Los dejo con esta pregunta, si tus clientes frecuentes y los que deseas obtener vieran tu cocina, tu almacén y tus baños al mismo tiempo, ¿volverían y te recomendarían o dejarían de consumirte?

Si nunca has realizado auditorías o quieres mejorar tu proceso contáctame para ayudarte a mejorar tu servicio al cliente y tus ventas.

Si eres supervisor, gerente o dueño no debes cometer el error de negarte a formar tus empleados. Yo soy el primero en decirte que no debes de hacer el trabajo por ellos, pero en muchas situaciones es importante que dediques unos minutos ayudando a planear el trabajo de tu subordinado.

Al hacer esto reducirás la mayoría de descontentos por errores de comunicación y falta de conocimiento brindando una perspectiva desde tu puesto para lograr con más eficiencia y efectividad las metas de tus equipos. En ocasiones en un nuevo proyecto o una actividad extraordinaria tal vez utilizarás el estilo del facilitador, de dirigente o en ocasiones el estilo de liderazgo laissez faire, pero algo que indudablemente necesitarás escoger es que estilo de *coaching* brindarás. Un estilo es *coach the problem,* con este tú solo te enfocas en solucionar el problema en conjunto de tu cliente. El estilo medio es *coach the problem through the person*, aquí solucionas el problema a través de la persona guiándola para que encuentre la solución sin que brindes las respuestas directas, y para que esto funcione el coach debe ser experto en los temas y la otra persona debe por lo menos tener una capacitación básica para conocer de qué se habla y lo que se requiere porque si ambos no saben a donde se puede llegar se quedarán satisfechos con lo que tienen. El último estilo es *coach the person for transformational change*. Esto es transformacional al entrenar a la persona para un cambio interno generando una mejora de perspectiva o adoptando una nueva actitud, y cuando inviertas en formar a tu personal de esta manera, obtendrás mejor servicio al cliente, calidad, productividad, una mejor economía y prosperidad.

¿Tienes tu estrategia para formar a tus equipos con delegación, supervisión, retroalimentación, coaching y liderazgo de alto nivel?

Día 35
Preguntas y plan de acción para la quinta semana.

¿Cómo puedes ayudar a tu universo conocido con lo que acabas de leer?

_____

¿Cuáles son los dos mensajes más importantes que captaste de este contenido?

_____

_____

¿Con qué necesitas ayuda para avanzar al siguiente nivel y que harás al respecto?

_____

_____

¿Que comenzarás hacer para asegurar incrementar el desempeño de tu equipo?

_____

_____

Al leer y practicar este contenido estás creando oportunidades de crecimiento y mejoras, pero recuerda que cualquier lectura, herramienta o procesos de calidad no servirán si no las comprendes y más importante si no las aplicas.

MEJORANDO COMO GERENTE

Semana

¿Quieres mejorar tu comunicación y productividad en los correos electrónicos? Empezando con los títulos del correo, debes de usar menos de cinco palabras siendo claro y conciso por ejemplo: *solicito reunión de seguridad*.

Una de las razones para hacer esto es que facilita la búsqueda de correos tanto para ambas partes y el receptor rápidamente sabrá cual es tu objetivo.

Mi segunda recomendación es agregar al final del título las iniciales de las categorías de prioridad del correo. Esto es aplicando el cuadrante de Eisenhower que les enseñé; si la prioridad del mensaje es importante, pero no urgente escribe las letras [**INU**] entre paréntesis. Si es urgente e importante utilizas las letras [**UI**]. Esto le dará información al receptor para saber si atiende rápidamente tu mensaje o lo puede leer más tarde.

La tercera recomendación es que si solo estás informando algo y no requieres que te respondan utiliza las letras en mayúsculas **NR** al final del título. NR significa no responder y esto reduce o elimina correos improductivos que solo dicen "ok" o "entendido". Solo recuerda informar a tus contactos de estas técnicas antes de usarlas.

Mi última recomendación hoy es que no pierdas tiempo con preguntas abiertas en la solicitud de una reunión. Toma la iniciativa y facilita el proceso de toma de decisión al receptor brindando una opción específica, por ejemplo en lugar de preguntar ¿cuándo nos podemos reunir? Pregunta ¿el martes a las 11:00 am es bueno para la reunión de seguridad?

Es súper sencillo y eliminará la pérdida de tiempo e incrementará tu profesionalismo. No quieres "jugar Ping pong" en tus correos.

Aprende a lograr más, diciendo menos. Aplica las 7C de comunicación.

El bajo compromiso en las organizaciones se debe a cinco causas principales, y si quieres incrementar la productividad, mejorar el servicio al cliente, incrementar tus ganancias o mejorar el ambiente de trabajo es importante que las conozcas para detectarlas y hacer algo al respecto.

No puedes arreglar algo que no reconoces, entonces toma nota para analizar si estás creando un bajo compromiso en tu organización.

Sin un orden en específico la primera causa de bajo compromiso o desempeño es: la mala relación con gerencia. En un estudio a más de 5100 profesionales se descubrió que los empleados no dejan un mal trabajo; dejan una mala jefatura.

El segundo punto es la falta de comunicación o retroalimentación. Una mala gerencia no brinda expectativas claras y eso afecta la seguridad del empleado.

La tercera causa de un mal desempeño o compromiso es la falta de reconocimiento.

La cuarta razón es que no invierten en las personas, muchos empleados sienten que al no invertir en ellos, sus jefes piensan que no valen esa capacitación lo cual crea una baja motivación.

La quinta razón de un mal desempeño y bajo compromiso es una cultura sin valores y sin metas para prosperar.

En los negocios nada es una coincidencia, todo es una consecuencia por eso pregúntate, ¿qué no he hecho o deje de hacer para causar mis problemas? Y asegúrate que tus planes estén alineados con tu misión y visión para tener una mejor cultura de trabajo.

Hace poco impartí un taller de organización y productividad, estábamos viendo metas y cuando nos fuimos más allá de simplemente escribir en un enunciado la meta cumpliendo con las bases de SMART, les enseñé un método para evaluar y analizar si sus metas eran realmente alcanzables y realistas. Todos se dieron cuenta de que no lo eran; el beneficio de eso fue que brindó una oportunidad para identificar los problemas que evitaban lograr sus necesidades y se comenzó a crear soluciones para eliminarlos o crear alternativas para lograr sus objetivos deseados.

Hubo solo una persona que dijo no necesitar hacer análisis, evaluaciones o tener una estructura de trabajo, y que los que hacen análisis y evaluaciones para sus planes los hacen porque son negocios grandes.
Respiré profundamente, lo miré directamente a los ojos y le dije: no lo hacen porque son grandes, son grandes *porque* lo hacen.

Shigeo Shingo fue un ingeniero industrial japonés que fue considerado como el principal experto mundial en prácticas de fabricación y el Sistema de Producción Toyota y dijo que el desperdicio más peligroso es el desperdicio que no reconoces.

Entonces, todos deben analizar hoy si están desperdiciando una oportunidad para mejorar un proceso, si están desperdiciando una oportunidad para analizar acciones y resultados para anticipar problemas. Básicamente, ¿qué oportunidad estás desperdiciando hoy porque piensas que no lo necesitas?

No sabes lo que no sabes, y cuando estas mucho tiempo en un lugar sin una metodología de análisis y mejora es muy fácil sufrir de un escotoma, es como el famoso punto ciego de quien ha escrito mucho un documento y ya no puede ver los errores ortográficos. Y dar un paso hacia atrás para dejar de ver el árbol y comenzar a ver el bosque no es suficiente, necesitas una persona con una perspectiva fresca y mejor para decirte donde hay hierbas, cómo sacarlas y cómo lograr más beneficio con lo que tienes.

¿Sabes que dijo Dan Akerson que era uno de los principales problemas de General Motors cuando entró de CEO en el 2010 y la compañía estaba cerca de la quiebra? Las metas y expectativas. Se encontró con objetivos ambiguos e inalcanzables, pero para su primer año ósea en el 2011 GM obtuvo un récord de $7.6 billones en ganancias por lograr vender $150.3 billones.

Akerson dijo que lo más importante del cambio fue establecer objetivos claros para cada persona en todos los niveles de la organización.

Una analogía es que los campeonatos de fútbol americano no se ganan con pases de Hail Mary, se ganan con la disciplina y práctica de jugadas específicas o en otras palabras, metas y objetivos claros.

Suponer es un error que te costará el campeonato, asegúrate de que todos sepan qué, cuándo, dónde, cómo, quién, y porqué se hacen las cosas y aprende a planear tus metas como las grandes empresas.

Hay alguien allá afuera preparándose y entrenando por lo que tú quieres y cuando se enfrenten, si tú has subestimado la importancia de la preparación y la práctica tú perderás esa venta, ese puesto, incluso esa pareja o la meta que piensas lograr. Una de las peores cosas que puedes hacer en tu vida es tomar las cosas por hechas. Necesitas tomar acción vehemente 1000 veces más de lo que imaginabas. Mucho no es suficiente. Las cosas cambian y la complacencia es el enemigo de la mejora continua.

Kaoru Ishikawa y Masaaki Imai ambos teóricos organizacionales, definieron las siete herramientas básicas de calidad, pero Imai decía que el punto de origen para cualquier mejora es reconocer la necesidad y si crees que no puedes mejorar, entonces toma acción para no empeorar. El momento en el que piensas que lo sabes todo o que eres el más fuerte, es cuando más debes de mejorar. No permitas que tu ego te haga débil y ciego. Siempre hay mejores maneras de ser y hacer y cada día es un nuevo nivel, pero recuerda que un lugar ordenado se vuelve desordenado si nadie hace algo para mantener o, así como el agua estancada se vuelve sucia si no existe movimiento.

No permitas que alguien te gane, o que tu agua se estanque y repite esto: *si no hay un problema, ese es un problema. La complacencia es malévola. No pares de mejorar.*

La mejora de procesos la mayoría de las veces es fácil, pero no necesariamente es rápido. En ciertas ocasiones se necesitan días, semanas, incluso meses para realizar un análisis operacional porque si no conoces perfectamente donde estás y cómo estas, cualquier mejora no la verán como mejora porque no hay nada con qué comparar.

Solo las grandes y serias empresas son las que realmente trabajan en ser mejores y lo hacen creando metas específicas, midiendo el progreso y aplicando el liderazgo adecuado para corregir y guiar cualquier situación o persona al éxito junto con los procedimientos de mejora que les permiten mantener una alta calidad. Y lo más importante es la cultura de excelencia y respeto que manejan, porque ni las mejores herramientas ayudarán si el comportamiento a lo largo o a lo ancho de la organización no es el adecuado para llevarlos a donde quieren ir.

Una reflexión para las organizaciones quienes están indecisas en mejorar o no, o las que se han puesto un techo invisible que los limita al decir que no necesitan ser mejores, hagan esta pregunta.

¿Qué tan rápido atendemos a cada cliente? ¿Cuántos problemas experimenta un cliente en el proceso completo de su compra? ¿Qué acciones realizamos que no agregan valor al cliente? ¿Cuánto es la compra promedio de cada orden y que se hace para mantener el promedio deseado?

Hay cientos de preguntas, pero la primera que debes de realizar es, ***¿Si no compito con los mejores, qué tanto durará mi negocio?***

¿Quieres mejorar la productividad, el servicio y tus ganancias? Incluso si eres una organización de gobierno o una ONG también puedes beneficiar de la mejora de procesos. Tal vez no busques ganancias, pero si buscas resultados en el producto final para el cliente y el consumidor. Entonces sin importar en qué industria estás, unos de los primeros pasos hacia la mejora continua es que debes de conocer los ocho tipos de desperdicios, el impacto que tienen y los beneficios que se logran al eliminarlos o reducirlos para poder crear un trabajo estándar libre de Muda — desperdicio—. Cuando practicas *lean* necesitas crear y trabajar en una cultura que permita la aportación de los miembros de tu organización, necesitas tener los documentos y procesos necesarios para permitir crear mejoras. Son decenas de cosas las que debes de realizar y como muchos dicen no tener tiempo para ser mejores, les asesoro que continúen con este audio entrenamiento todos los días para avanzar un poco cada día hacia la prosperidad que deseas. Por eso hoy quiero que apuntes estos ocho desperdicios los cuales son: *transporte innecesario, defectos, movimiento innecesario, inventario innecesario, exceso de producción, exceso de procesos, espera* es el desperdicio normalmente causado por los otros y el que muchos no atienden de una manera inteligente y es de los más importantes, y ese es *no aprovechar las mentes de la organización.* Hoy no alcanzaré a enseñarles a detalle de esto, pero necesitan conocer los que aplican en sus organizaciones y crear estrategias donde todos busquen eliminar el desperdicio que no agrega valor. Entonces analiza cuidadosamente cuáles de estos desperdicios están costando dinero y evitando ganar más si hubiera mejor planeación. Busca en todos los departamentos y procesos.

Día 42
Preguntas y plan de acción para la sexta semana.

¿Cómo puedes ayudar a tu organización con lo que acabas de leer?

_____

¿Cuáles son los dos mensajes más importantes que captaste de este contenido?

_____

_____

¿Con qué necesitas que te ayude para avanzar al siguiente nivel?

_____

¿Qué comenzarás hacer para asegurar incrementar la eficiencia y efectividad de tus equipos?

_____

Al leer y practicar este contenido estás creando oportunidades de crecimiento y mejoras, pero recuerda que cualquier lectura, herramienta o procesos de calidad no servirán si no las comprendes y más importante si no las aplicas.

MEJORANDO COMO GERENTE

Semana

7

¿Estás pensando en despedir a un miembro de tu organización, pero no sabes qué hacer? Para hacerlo correctamente y sin problemas son 13 pasos, pero hoy solo te hablaré de un paso que debes realizar y que en muchas compañías no es común que lo utilicen, pero al realizarlo mantienes buena moral en tu organización al demostrar que es justo, diligente y transparente.

Para esto es un simple y sencillo documento y proceso para evaluar de manera tangible al empleado. Prácticamente este documento debe ser una lista de verificación para documentar el estado actual y el pasado comportamiento de la persona.

El contenido de la lista debe corresponder al puesto para evaluar las capacidades necesarias, las actividades requeridas y las responsabilidades otorgadas; esto es para ser objetivo y analizar que parte de su contrato no está cumpliendo. También debe de contener cajas para evaluar el código de conducta de la empresa. Un ejemplo es si tienes oficialmente una política de algún tipo de acoso, revisas las amonestaciones que tienes y si está relacionado con ese tema, marca la caja y adjunta la documentación. Dependiendo de la calidad de ambiente de trabajo, productividad y servicio al cliente que quieres dar, puedes poner un estándar donde cada cosa tiene 5 puntos y la evaluación se reprueba con 80; cada quien lo personaliza a su necesidad.

Suena sencillo, pero en muchas ocasiones algunos sólo toman la decisión en base a sentimientos por situaciones inadecuadas y no tienen la documentación adecuada para apoyar sus decisiones, por eso siempre debes documentar todas tus actividades importantes para asegurarte que lo haces correctamente.

Me da gusto saber de personas que les importa crear y mantener una buena cultura de trabajo y que les importan sus empleados así como a sus clientes. Eso es parte de la definición de un profesional con el potencial de ser gerente, director o presidente de una organización. Una persona con alto rango de mando nunca divide a su tribu con miedo, amenazas, insinuaciones, chismes o acoso; un buen jefe o líder siempre multiplica los resultados con apoyo, guía y cooperación porque una área de resultados para gerentes es el crecimiento y formación de empleados. Ayer un radioescucha me preguntó: *"Qué hago si no estoy listo para despedir, pero la persona no está funcionando?"*. Lo que debes de hacer es conocer las debilidades y fortalezas del empleado para compararlas con lo requerido de otro puesto y brindarle la oportunidad de tener éxito en otra área, pero asegúrate que tu mando sea el correcto porque si no, cambiar a una persona de posición puede no ser la solución. Si quieres brindar esa oportunidad, pero descubres que no tienes un perfil de puesto o un trabajo estándar para la posición a donde quieres cambiarlo, significa que tienes un problema más grande y ese es la necesidad de un manual operativo para el departamento de Recursos Humanos.

Si desean conocer de mejores prácticas, no duden en preguntarme al 662-402-0168, pero pueden ir analizando estas preguntas: **¿Tengo la evaluación correcta para analizar si tengo a mis empleados en las posiciones correctas? ¿Tengo un plan de formación de empleados para asegurar que todos tienen las herramientas y la capacitación adecuada para brindar resultados óptimos en sus puestos?**

¿Quieres lograr 100 % de tus objetivos esta semana? Analiza y aplica esto. Hay personas que para salir a socializar el fin de semana planean cada detalle desde que vestirán, que van a beber, realizan reservaciones para comer lo deseado, se coordinan con sus amigos, establecen un plan de acción paso a paso y en ocasiones un plan B de contingencia por si la fiesta o el evento no es suficiente satisfactorio; y aparte de eso, planean y coordinan el seguimiento para ver donde desayunan o comerán el día siguiente.

En ocasiones algunos son excelentes planeadores, pero al momento de practicar esa diligencia en su trabajo fallan porque simplemente no lo consideran importante o necesario y cuando diseñan su agenda laboral son ambiguos y brindan mucha oportunidad para desperdiciar tiempo o desconocen su prioridad. Decir que subirás las ventas 5 millones esta semana, es como decir que bajarás 5 kilos esta semana cuando no tienes la disciplina, todos los conocimientos o los valores necesarios para lograrlo con facilidad. Por eso debes de diseñar tus metas con un objetivo en mente, pero con un plan de acción para modificar tu conducta y que sean metas alcanzables, realistas, medibles y corregibles. Es mejor decir que contactarás 30 prospectos de un nivel de compra de $700,000 pesos para ofrecer cierto producto los días martes, miércoles y jueves de 9:30 am a 3:00 pm te permite organizar tus prioridades, te mantiene enfocado en el objetivo, puedes revisar si es alcanzable y realista a tu carga de trabajo y lo más importante es que te brinda información para crear tus KPIs (*key performance indicators- indicadores clave de desempeño*) . Esto se puede mejorar y personalizar a tu modelo de trabajo, pero te aseguro que los resultados debido a una buena planeación serán justo lo que necesitas para prosperar. Planea, coordina, hazlo, estudia qué funcionó y que no, adapta lo necesario y comienza de nuevo.

Lo que has hecho te ha permitido llegar a donde estás, pero no es suficiente para llegar a donde quieres ir.

Analiza cuidadosamente no solo lo que tienes que hacer, sino en qué persona necesitas convertirte, eso es lo más difícil la mayoría de las veces. Modificar tu conducta actual por la de una persona disciplinada, más paciente y con más valores.

Estoy seguro que has aprendido algo de todos los mensajes que has recibido solamente en este mes, pero tus hábitos es lo que te mantiene en tu estándar, y puedes invertir en tu desarrollo personal asistiendo a seminarios, conferencias, talleres, leyendo, pero si no trabajas conscientemente en modificar tus pensamientos y acciones todos los días, nada de lo anterior será una buena inversión.

Hoy simple y sencillamente busca reducir 2 segundos en todo lo que haces, habla más conciso y concreto, pierde menos tiempo saludando o acomodando cosas innecesarias, sea lo que sea, reduce solamente 2 segundos en todo lo que hagas. Suena simple, pero tus acciones se acumulan y al final del día si lo haces correctamente tendrás más tiempo para realizar actividades que has omitido por la falta de tiempo.

Lo que haces te está convirtiendo en quién serás; ertonces sé sincero y dime **¿eres una persona que desperdicia mucho tiempo y limita su prosperidad?**

¿Eres un profesional de alto rendimiento? Hay una reflexión que debes hacer en este mismo momento si es que quieres tener una excelente semana o incluso si quieres tener una gran vida. Debes de acortar o eliminar la distancia entre lo que dices que eres y lo que realmente haces. Muy seguido conozco personas que dicen que tienen la famosa hambre de prosperar, dicen que quieren y serán mejor que otros, pero cuando analizo su comportamiento veo como su incoherencia es la principal razón por la que no logran lo que sueñan. Si eres gerente de ventas y tu equipo habla positivo y tiene motivación, pero no tienen una estrategia táctica de ventas, si no realizan mediciones para conocer el estatus y progreso de sus acciones, si no conocen de arriba abajo, de abajo arriba, de izquierda a derecha y de derecha a izquierda sus productos, servicios y políticas, no servirá de mucho el buen ambiente porque batallarán para entregar resultados. ***¿Cuándo fue la última vez que realizaron un FODA de sus competidores más relevantes, de sus productos y de sus procesos?***

Tú como gerente, presidente o dueño de una organización dime, *¿realmente esperas ser mejor que tu competencia actual y la futura si tus equipos no practican discursos de ventas? ¿Si no conocen y practican respuestas para las posibles objeciones de sus prospectos? ¿Si no generan un sistema de atención al cliente para incrementar ventas detrás de las ventas?*

Muchos dicen ser ambiciosos y tener hambre, pero *¿cuántos de ustedes están leyendo, estudiando y practicando mejores prácticas para lograrlo?* En la última semana yo leí cuatro libros para brindarle más valor a mis clientes, *¿cuánto has leído tú?*

La famosa palabra que muchos quieren usar en los negocios y piensan que es la llave para lograr sus metas es motivación, pero un problema para algunos es que no saben qué decir para crear motivación, no se sienten cómodos para dar halagos, o algunos no sienten que tienen la energía correcta para influir positivamente en sus equipos.

Justo ayer una persona me preguntó en un café, *¿qué hago para que mi equipo de vendedores se motive sin yo tener que decir algo?*

La respuesta es muy sencilla en una hoja escribe los nombres de las personas de tu equipo, en una columna al lado escribe el la cantidad de ventas que lograron la semana anterior y en otra columna escribe cuanto generaron en esas ventas.

Un ejemplo puede ser, que en la primera línea diga: *Juan López, 9 ventas, 2,226,150 pesos.* En la segunda línea: *Guillermo Sanchez, 6 ventas, 1,834,790 pesos y así sucesivamente.* Esto no ocasionará que tu vendedor más bajo suba al primer lugar, pero si ocasionará más competitividad; por lo general yo he visto como el vendedor en el cuarto lugar quiere subir al tercero, el tercero se mueve más para mantener su lugar y al mismo tiempo subir al siguiente y así es con el resto, especialmente entre los vendedores del primer y segundo lugar.

Al ver sus números semanalmente todos querrán escalar al siguiente nivel y te recomiendo que diseñes un documento con gráficas y otra información que puede ayudar a motivarlos.

También necesitas un tablero de mejora continua donde compartes documentos como A3, metas, métricas, entre otras cosas, pero si realmente es de tu interés mejorar el desarrollo organizacional ya tienes mi número, márcame y con mucho gusto platicamos.

Este segmento es para los líderes que conocen la importancia de tener soldados fuertes, entrenados, bien alimentados y con buen equipo. Escuchando lo siguiente algunos miembros de equipos dirán que no les proporcionan lo más básico normalmente, menos van a hacer lo siguiente, pero aún así sé que hay unos pocos buenos allá fuera que se beneficien de esto. He mencionado que aún remotamente deben continuar su formación de empleados, continuar sus reuniones uno a uno, crear metas y brindar retroalimentación. Esta semana necesitan hacer sus evaluaciones de desempeño y encuestas de satisfacción de medio año (al momento que escribo esto es junio,4, 2020), pero háganlo cuando sea que lo estén leyendo. Realicen una encuesta preguntando: *¿cuántas horas estás trabajando de más? ¿Tienes un horario establecido? ¿Tienes un espacio asignado? ¿Estarías dispuesto a mejorarlo? ¿Qué materiales, equipos o herramientas necesitas para optimizar tu trabajo? ¿Qué problemas anticipas? ¿Qué más necesitas de mí para que puedas hacer tu trabajo?* Hay más preguntas, pero pueden comenzar con estas. Diseñen su plan de acción para el siguiente semestre y sus prioridades. Contraten una persona para que les brinde asesoría para optimizar sus espacios de trabajo y organizarse; manden las herramientas necesarias de su oficina, compren o renten por el tiempo necesario.

La compañía que pueda darle mejor servicio a sus clientes es la que sobrevivirá.

En Hermosillo no es secreto que habido y hay un problema de apuestas entonces termino esto así. *¿Crees tanto en tu negocio, en cómo lo manejas y en tu personal para apostarle todo y darles lo que necesitan para lograr grandes metas?*

Si la respuesta es no, entonces tus problemas no son ventas bajas.

En base a tus objetivos, ¿qué debes comenzar a medir en desempeño y satisfacción?

_____

Para las necesidades de tu equipo ¿qué necesitas, un Team Building o talleres?

_____

_____

¿Qué cultura necesitas mantener para lograr metas más ambiciosas?

_____

¿Ya diseñaste tu procedimiento para analizar problemas y crear una planeación estratégica incorporando la información que has obtenido aquí?

_____

Al leer y practicar este contenido estás creando oportunidades de crecimiento y mejoras, pero recuerda que cualquier lectura, herramienta o procesos de calidad no servirán si no las comprendes y más importante si no las aplicas.

MEJORANDO COMO GERENTE

Semana

Cuando estás tomando decisiones, cuando quieres solucionar un problema o quieres prevenir alguna situación es bueno aplicar lógica negativa, el juicio crítico y una visión pesimista porque quieres conocer qué problemas puedes enfrentar y al ponerlos en la mesa puedes prepararte para ellos. La lógica negativa o la visión pesimista no son malas, el exceso o el mal uso de esos pensamientos es lo que puede causar malos resultados. Es como la comida, los tacos no son malos, tampoco la pasta o las hamburguesas, pero el exceso y mal consumo de esos alimentos es lo que causa el sobrepeso, obesidad, problemas cardíacos, etcétera. Un carro deportivo no es peligroso, la negligencia del conductor es lo que causa un peligro. Entonces repito, en ocasiones analizar algo negativo es bueno, solo no te quedes mirando las cosas de esa manera. Ya que escuchaste todo eso, quiero que pienses en todo lo malo que puede pasar en tu próxima venta, tu reunión, en tu presentación, lo que sea. Identifica posibles problemas y busca e implementa una contramedida. No he sido muy técnico en este libro porque no sé si conoces el lenguaje y las herramientas de Lean Six Sigma y Kaizen, pero si conoces esto, entonces lo más sencillo es que realices un FMEA para todo; úsalo en tus reuniones semanales, en tus metas mensuales, etcétera. Si en tu presentación puede fallar el micrófono inalámbrico, revísalo antes, lleva baterías adicionales, incluso lleva otros dos micrófonos. Si tu prospecto puede decir que ya tiene un proveedor, prepara tu discurso de ventas para conseguir una oportunidad o vender otro producto. Utiliza tu inteligencia o la de alguien más, pero conoce qué riesgos existen y prepárate para adaptarte y sobrepasar porque el éxito es tu responsabilidad. Si crees que analizar lo negativo no es necesario solo dime, ¿hay algo que pudiste o puedes prevenir con el solo hecho de pensar el lado negativo de esa situación? Si quieres un FMEA semi automatizado con RAG para tener un criterio establecido pídemelo y con gusto te lo comparto.

Si quieres mejorar la moral de tu equipo hay algo que debes de hacer antes de atender los síntomas por los cuales crees que necesitas hacer eso.

Antes de invertir tiempo y dinero en tratar de hacer sentir bien a tu equipo para que sean más efectivos y productivos, debes de preguntarte, *¿quién necesita mejorar su conducta o a quien necesito despedir?* Si te suena dura esa pregunta, te explico algo muy sencillo. No importa cuantos motivadores lleves a tu negocio, no importa cuantos bonos les mejores, no importa los regalos que des, si no arreglas la conducta de las personas que afectan el ambiente de trabajo con su comportamiento inapropiado, o con su falta de dedicación y respeto al trabajo en equipo. Si tienes un trabajador al que le permites un mal comportamiento, que llegue tarde, que no haga los procedimientos como se requieren, prácticamente si tienes un consentido en tu organización, algunos comenzarán o ya piensan que también pueden dar un trabajo mediocre y ser pagados por ello. *En el momento que le llames la atención a unos, pero no a todos los que lo merecen, es el momento que pierdes el respeto de la mayoría y es el momento en el que tu poder de rol se disminuye y aunque seas el jefe muchas cosas no se harán.* Entonces, se justo con todos estableciendo reglas de comportamiento y estándares de calidad y lo más importante castiga a todos por igual a quien no los respete. Si quieres ser un profesional que implementa calidad siempre busca comprender un problema y conocer la causa de raíz del problema antes de atender las situaciones superficiales. Adicionalmente recomiendo que utilices una agencia que se dedique a Endomarketing para que utilicen las prácticas de mercadotecnia para enamorar a tu cliente interno con tu marca y fortalecer los valores de la empresa.

¿Estás trabajando en realizar una presentación para tu trabajo o tu tarea escolar? Te daré recomendaciones para hacer un mejor trabajo. Primero, *¿me puedes decir cuál es el propósito de tu presentación? ¿O conoces cuales son los tres propósitos de cualquier presentación?* Si no lo sabes estás comenzando mal o no has hecho correctamente tu trabajo. Informar, analizar o persuadir son los tres propósitos de cualquier presentación y necesitas conocer claramente cuales y cuando los necesitas. Por eso el primer punto hoy es el contenido. Necesitas aplicar metodologías de ventas como el BAT o SPIN para informar y analizar primero para después poder influir efectivamente a tu público. BAT es un acrónimo para beneficios, aplicación y testimonio; sirve mucho especialmente al comprar dos productos. SPIN significa situación, problema, implicación y necesidad; es un método de ventas para consultoría y productos de alto precio. Enseño más de esto en mi programa Mejorando mis ventas. Continuando con otro punto, el diseño. Tú debes comunicar la información, y las diapositivas están para brindarte un soporte visual, no para hacer tu trabajo, si metes todo el texto para que lo lean es una pésima presentación. Utiliza máximo dos estilos de tipografía y mínimo un tamaño de letra de 40 puntos. No quieres que batallen en leer lo poco que demuestras. Dicen que una foto vale mil palabras, pero si es una mala foto porque no sabes comunicar efectivamente, entonces son mil palabras desperdiciadas. Todo tu contenido debe ser claro, conciso, coherente y correcto. Y hablando de lo correcto confía tu inteligencia, pero verifica tu ortografía, todos cometemos errores. Todos damos tres presentaciones, la que pensamos que daremos, la que realmente damos y la que deseamos haber dado. Perfecciona y practica la tuya. He dado decenas de conferencias y cientos de presentaciones entonces mi última recomendación es que si piensas que tienes una hora para hablar, prepara el material para presentarlo en 15 minutos.

¿Has pensado que no importa invertir en capacitación y entrenamientos para tu organización? Eso es lo que muchos directores piensan, incluso me han comentado que no lo hacen porque es muy difícil realizar cambios.

Mi respuesta creo que te servirá si tú también piensas eso.

Les he dicho: por supuesto que es difícil, y hay una probabilidad de que no se logre la meta o el objetivo, pero ese no es el problema principal. El problema es que tú piensas que debe ser fácil y rápido, pero hasta tu cuerpo es resistente al cambio cuando implementas un nuevo plan de alimentación. Cuando aprendes y practicas una nueva disciplina o idioma. Es normal que no exista un flujo productivo las primeras semanas. Una última analogía es que tú o tus empleados pueden haber crecido chuecos así como un árbol, pero solo porque instalas una guía para corregir y dirigir su crecimiento no se logrará en un día, una semana o incluso en un año y cuanto más pospongas las cosas, o cuanto más grande se vuelva la empresa, más difícil y costoso se volverá.

Si mantienes la mentalidad mediocre de no comenzar o realizar algo solo porque será difícil es muy patético porque estás deliberadamente limitando tu prosperidad actual y tu legado. Desperdicias oportunidades que otros desean tener. Y tarde o temprano necesitarás hacerlo de cualquier manera.

Por eso siempre recomiendo primero entrenar la mentalidad y después la habilidad y hacer esto con los altos mandos porque ellos son los que dirigirán y supervisarán a los equipos.

En palabras de John D. Rockefeller: "No tengas miedo de dejar lo bueno para ir por lo grande".

Muda es la palabra japonés que significa desperdicio y son actividades que no agregan valor y a todos mis clientes les enseño a eliminar los desperdicios categorizados por Taiichi Ohno en el Sistema de producción de Toyota, o en corto TPS para incrementar su productividad y mejorar su liderazgo. Por más de tres años he ayudado a los ciudadanos de Hermosillo, Sonora, México a crear una mejora continua a las 6:45 am todos los días en el noticiero de Reporte100 por la estación 100.3, así como a muchos sonorenses en otros 16 medios entre radio, televisión y periódico a nivel estatal y te diré algo que les he mencionado a ellos que ya deberías de saber, pero necesito confirmar. Les pido que no me confundan, no soy un coach de vida; soy un *kaizen coach for lean management*, o en español un entrenador de mejora continua para gerencia magra (libre de errores y desperdicios). Te menciono esto porque quiero brindar aún más a las personas que comprenden el valor de mejorar, y lo haré escuchando directamente sus historias y conociendo sus problemas para poder brindar ayuda y dirección a los que la piden. 662-402-0168 es mi línea directa, y quiero que sientas la confianza de poder mandarme un mensaje de voz con tus preguntas, solo menciona que estás leyendo el libro *Mejorando Como Gerente* para programar una sesión 1/1 de una hora con el valor de $2,900 pesos *(en la fecha que grabo este programa que es en junio del 2020)* totalmente gratuita. Analiza hoy tus áreas de oportunidad y permítenos ayudarte a reducir tus desperdicios y errores para poder incrementar tu rentabilidad. Si no tienes algo en mente, escribe una lista de las cosas que te molestan que no salen a la perfección durante dos semanas, no importa que tamaño sean, apunta todo y contáctame para eliminarlos.

Si quieres ser más productivo y has hecho un buen plan de acción para incrementar tu éxito, hay algo que no debes de olvidar y eso es realizar metas personales porque saber que quieres y cómo lo quieres en ocasiones para algunos es fácil, pero algunos dejan proyectos comenzados debido a que no se prepararon para mejorar como personas y no se preguntaron en quien debo convertirme para lograr lo que deseo y necesito.

Eres el producto de tus pensamientos, eres el responsable de tus acciones y no importa si tienes el mejor plan si tu comportamiento es incongruente a el.

No importa cuánta experiencia tienes, no importa tu edad, no importan tus estudios, no importan tus logros, si deseas lograr nuevos niveles de éxito, necesitas mejorar cinco cosas.

Necesitas ser paciente, porque ser impaciente puede causar muchos problemas al no dedicar unos segundos, unos minutos, incluso para ciertas situaciones no se toman los días necesarios para analizar. Y cuando quieres algo rápido no ves puntos ciegos, no anticipas y puedes caer en una arena movediza donde entre más te mueves, más te hundes.

Necesitas practicar un pensamiento neutral objetivo, debes de aprender a distinguir entre los hechos creídos y los hechos verificables. Esto te ayudará a identificar un objetivo claro para diseñar metas, solucionar conflictos o prevenir problemas. Porque si no aprendes a distinguir y separar estos, suponer te causará grandes problemas y obstáculos.

Compra, vende, contrata y lidera mejor aplicando esto.

Solo porque has hecho algo no significa que lo has hecho bien, o tampoco significa que no lo puedas hacer mejor. Un ejemplo de esto es un nuevo cliente mío y su equipo; les pedí que en una hoja escribieran una lista de las actividades que realizan cada día para atender al cliente.

Este negocio tiene 14 años funcionando y un equipo de 11 personas no pudieron estar de acuerdo en que se necesitaba hacer, así como en el tiempo y forma para hacerlo. Básicamente, cada quien atiende a su manera. no hay un sistema, no hay estructura y lo que causa es mucho desperdicio de tiempo, movimiento y procesos innecesarios que no agregan valor a la productividad o al servicio al cliente. Imagínate esto, al contactar a sus clientes no se coordinan, no se preparan con la información necesaria, no verifican y se tardan para brindar servicios sencillos.

Yo utilicé varias herramientas para corregir los errores y mejorar la organización donde no solo tienen tiempo de sobra, pero han creado un flujo de trabajo productivo con buen servicio al cliente, pero no alcanzo ayudarte en este segmento, entonces solo haz una lista de tus actividades diarias y asegúrate que su orden no cause que tengas que retroceder. Ordena todo también por prioridades; no hagas algo que puedes dejar para después o no hagas después lo que debes de hacer primero. Y lo más importante, asegúrate que todos estén en la misma página. Si quieren que exista flujo de trabajo, todos deben estar informados del proceso principal para evitar retrasos innecesarios por falta de comunicación.

Día 56
Preguntas y plan de acción para la octava semana.

¿Qué variaciones son las más importantes y urgentes para solucionar?

_____

¿Qué beneficios obtendrás al solucionarlas y que problemas evitarás?

_____

_____

¿Cómo y para cuándo deben actualizarse los nuevos procesos y trabajos estándares?

_____

¿Tienes los procesos adecuados estandarizados para poder alejarte de tu negocio y que continúe operando correctamente sin ti?

_____

Al leer y practicar este contenido estás creando oportunidades de crecimiento y mejoras, pero recuerda que cualquier lectura, herramienta o procesos de calidad no servirán si no las comprendes y más importante si no las aplicas.

MEJORANDO COMO GERENTE

Semana

9

¿Tus empleados trabajan para ti o tú trabajas para tus empleados? Apuesto que si analizan esa pregunta algunos de ustedes se darán cuenta que por una razón u otra terminan haciendo el trabajo de sus empleados y hay tres cosas malas que ocasionas si haces eso. La primera es la más obvia; al realizar el trabajo de tus empleados reduces las prioridades de las actividades importantes de gerencia. Como líder de una organización es fundamental que te enfoques al 20 % de tus responsabilidades que generan el 80 % de tus resultados. Entonces si dices que no tienes tiempo muy probable es porque estás realizando el trabajo de otros y no te has dado cuenta. La segunda cosa mala que causas es que estás creando una dependencia hacia ti. Tus equipos no pueden hacer mucho sin tu aportación y básicamente la productividad de tu empresa depende de ti. Si esto pasa también significa que has contratado a un mal equipo porque deben ser los profesionales y expertos en el tema, no tú. La última de hoy es que sin importar que tan pequeña sea la tarea con la que les ayudes, estás fallando en una de las 7 áreas de resultados para gerentes y esa es el crecimiento y formación de empleados. Y si les sigues "dando el pescado en lugar de enseñarles a pescar", no sólo continuarás creando errores y desperdicios, pero también caminas hacia el lado contrario de la prosperidad. Aprende a organizar, coordinar, delegar, y dirigir o no serás un buen jefe o un buen líder. Si quieres ser más productivo evita la delegación inversa y mantén responsables a tus empleados, guíalos a que resuelvan sus problemas y oblígalos a pensar por sí mismos para que no roben de tu tiempo o peor aún, que tú termines trabajando para ellos. Solicita mis capacitaciones de gerencia y liderazgo si quieres mejorar tu delegación, supervisión, retroalimentación y formación de equipos.

Tienes nuevos empleados y crees que tienes altas expectativas, pero al momento de instruir ¿*das advertencias o regaños?* He visto que en muchos lugares no se hace correctamente la advertencia y algunos se van directamente a reprender o se enfocan más en las historias que en los hechos y la persona que recibe la advertencia no le quedan las cosas claras.

Claridad es clave. Si eres ambiguo, toda oportunidad para interpretación estás creando una oportunidad para un error. No despercicies tiempo ni dinero. Si la persona a la que estás dando la advertencia no entiende, o tiene dudas de lo que le estás diciendo, existe la posibilidad que vuelva a cometer un error por falta de tu comunicación. Es fundamental que expliques las consecuencias que puede tener las acciones y comportamientos de la persona porque no solo afectará en el ambiente de trabajo, también puede afectar la imagen de la empresa y en muchas ocasiones la imagen cuesta mucho dinero.

La primera advertencia puede ser explicada y atendida verbalmente, *pero **solo ataca el comportamiento, no ataques a la persona***. La segunda advertencia deberá ser frente al personal para que todos aprendan de la situación, eviten futuros errores y ayude a crear soporte entre compañeros al corregir en equipo. Si el problema continua es necesario documentar una amonestación o falta administrativa cada incidente por escrito para no olvidarlos y ser objetivo al momento de evaluar. Guarda esa documentación en el archivo de cada persona.

Recuerda esto: si ellos no saben lo que quieres y cómo lo quieres, no los regañes, algo mal hiciste tú en la inducción o en la delegación; *confía, pero verifica.*

Dime cuándo fue la última vez que dijiste: "no tengo tiempo".

Algunos lo dicen todos los días. No tengo tiempo para estudiar, para hacer las tareas de la casa, no tengo tiempo para hacer ejercicio o para comer mejor. Y no diré que es mentira, porque algunos realmente creen eso, pero si eres un adulto profesional que dices tener valores; se sincero, se correcto y di que no te importa, que no lo quieres hacer. Muchos dicen no tengo tiempo, pocos dicen *no me he dado el tiempo* y casi nadie dice la verdad. ¿Y porque es malo eso?

Tal vez no te afecte en nada, pero lo que he visto es que cuando una persona dice que hará algo, pero pone excusas para no realizarlas, esa persona muy probable vivirá en un estado consciente o inconsciente de desánimo, estrés y enojo.

Sé que muchos piden motivación y han limitado sus potenciales y su prosperidad por esperar tenerla, entonces *¿quieres motivación interna para no depender de algo externo?* Mira al espejo y observa tus ojos, ellos no te van a mentir. Ahora piensa en todo lo que no has logrado y pudiste hacer, ¡observa todo el tiempo y oportunidades desperdiciadas solamente de este año!

Ahora pregúntate y responde a esto. *¿En ese tiempo era posible mejorar y desarrollar lo que ahora necesito? ¿Seguiré limitando mi prosperidad por no tomar control de mis emociones y sentimientos?*

No seas de los que pide más tiempo cuando se les acaba el suyo, administra mejor el que tienes hoy.

Si quieres mejorar las probabilidades de éxito de tu emprendimiento o si quieres crecer una empresa operando exitosamente tienes que mejorar tu trabajo en equipo y para eso debes aprender diferentes disciplinas y comprender el punto de vista de cada gerente de área porque si no conoces los principios de las disciplinas será difícil que comprendas y aceptes cambios o mejoras, que valores la importancia de las prioridades y lograr un flujo.

Los dueños que no conocen como la mercadotecnia está relacionada con ventas, con servicio al cliente, y eso va directamente relacionado con sus estrategias de producción, calidad, seguridad, y recursos humanos, definitivamente limitan su compañía. Ahora sólo para aclarar por supuesto que ustedes no harían el trabajo pequeño de cada uno de sus departamentos, y ya sea que tienen personal interno o subcontratan, pero algo que no deben de hacer ustedes es delegar el mando y con esto me refiero a que por supuesto pueden contratar a un especialista pero la decisión final es de ustedes y debes de asegurarte que esté alineada con tu misión y visión, con las conductas que deseas mantener en tu empresa para brindar un excelente servicio y lograr todas y cada una de tus metas. Una persona en mando debe ser un profesional multidisciplinario con audacia, veracidad, humildad y paciencia para la planeación estratégica. La pregunta del día es, *¿Tienes el suficiente conocimiento de cada uno de tus departamentos para tomar excelentes decisiones que te ayudarán a crecer rápido?*

Mantén la productividad en tus vacaciones.
Dos recomendaciones especialmente para dueños y gerentes de micro y pymes,
pero también les sirve a cualquier otro.

¿Saldrás de vacaciones y quieres incrementar o mantener la productividad y
seguridad cuando no estés? Las recomendaciones de hoy son cortas, rápidas y
efectivas, pero son solo para las personas diligentes. No debes de asumir que las
personas piensan como tú, no asumas que recordarán cada actividad que deben
hacer y no confíes en que conozcan la mejor forma de solucionar un posible
problema. Debes ser claro, conciso, completo y correcto al informar sus
responsabilidades y limitaciones. Sé que muchos no tienen buenos manuales
operativos, y sé que algunos no querrán hacerlos, pero entonces solo haz un
documento sencillo; realiza un mapa de procesos.

Hay muchos diseños, pero básicamente solo necesitas dibujar un cuadro y escribir
dentro de él, la actividad y la hora que la realizarán, y traza una línea horizontal
hacia el siguiente cuadro y repetirás lo mismo solo que escribirás la siguiente
actividad. De esta manera sabrán la prioridad de las cosas y ayudará a que no se
brinquen una actividad en proceso.

De hecho este te sirve aunque no salgas de vacaciones. Imprime esto por lo menos en un tamaño doble carta para que todos lo ean sin problema.

Ahora, tener una herramienta visual no garantiza nada si a las personas no les importa seguir tus órdenes, pero si son buenas personas y solo necesitan un poco de dirección, este mapa ayudará a reducir errores y definitivamente reducirá las llamadas para preguntarte qué deben hacer o evitará dar un mal servicio a tus clientes y proveedores al conocer los pasos correctos.

Recuerda que si fallas para prepararte, te preparas para fallar.

Continuando con las recomendaciones de hoy, te preguntaré *¿Tienes empleados que cometen los mismos errores una y otra vez?* Antes de enojarte y reprenderlos, asegúrate de ser justo al estar en lo correcto. Solo porque has hecho algo no significa que lo has hecho bien o tampoco significa que lo que funcionó en otros años con otras personas, funcione con las actuales.

Hace unos días estaba con uno de mis clientes de mi consultoría y después de una conversación sobre este mismo tema, me dijo: *"me acabo de dar cuenta que no sé capacitar".* Esta humildad de aceptar sus capacidades y limitaciones es la que hace crecer a una persona y a una empresa. La falta de conocimiento de las fortalezas y debilidades es lo que definitivamente limitará la prosperidad de un individuo o una organización. Entonces para mejorar o solucionar esto e incrementar tu productividad hoy comienza solo con dos cosas.

Primero, crea un ambiente seguro donde las personas puedan pedirte asesoría sin ser reprendidos, sin ser catalogados como incompetentes y donde sea valorado el mismo comportamiento de humildad de su líder.

Segundo, el éxito es tu responsabilidad. Aprende y domina las estrategias de capacitación para ser claro, conciso, certero y efectivo.

Por último, recuerda que si tú no escuchas, no esperes que te escuchen y si tú no inviertes en ti, tampoco esperes que otros lo hagan.

Si te preguntas *¿Por qué debe de importar esto?* La respuesta es sencilla, si no tienes un ambiente donde las personas puedan pedir ayuda, consejos, o incluso donde puedan discrepar un tema sin ser reprendidos, no tendrás la comunicación necesaria para crear y manejar una compañía de clase mundial como las grandes empresas por ejemplo, Amazon, Google entre otras que actualmente lo hacen para practicar una excelente cultura de trabajo e incrementar la productividad. Si tienen miedo a preguntar o pedir ayudar cometerán errores estés o no estés, pero de cualquier forma será más caro y contraproducente.

Recuerda que mejorando tu negocio, mejoras tu presente y tu futuro.

Muchas gracias por leer mi contenido y si deseas leer un tema en específico para mejorar tu negocio, no dudes en contactarme a mi correo franciscoluismarino@gmail.com puedo compartirte material que te ayudará o más fácil lo podemos atender en una consulta rápida.

En muchas organizaciones el lunes es de los días más ocupados porque necesitan analizar y concretar los pendientes de la semana anterior y también planear los de la semana actual, y por la cantidad de información y actividades los jefes, supervisores o gerentes comienzan a cometer errores en su liderazgo; algunos son relajados, otros entran en un modo democrático, pero para incrementar tu productividad necesitas practicar el estilo de liderazgo de facilitador y dirigente. Para organizar tu semana recomiendo primero el estilo de facilitador para ser un buen oyente en la sesión de información y no solo comprender el mensaje que está transmitiendo un miembro del equipo, pero asegurándose de que todos comprendan la importancia y crear un ambiente de entusiasmo para pensar intuitivamente y conocer mejores y más rápidas maneras de concretar y avanzar positivamente con las prioridades.

Después se debe realizar la transición a un liderazgo dirigente para controlar la objetividad de la organización y comenzar a asignar prioridades con horas límite, delegar actividades, asignar responsabilidades y comunicar de manera clara, completa, concreta, concisa y correcta las expectativas de calidad para prevenir errores y desperdicios.

A mis clientes les doy una agenda específica para incrementar y mejorar su liderazgo, su efectividad y su productividad, pero eso es cuando conozco perfectamente que se necesita y cómo; pero tú puedes comenzar con esta guía general y te aseguro que mejorarás.

Si crees que ya no puedes mejorar, en base a tu perspectiva tal vez tengas razón, pero cuando practicas una mejora continua sabes que es un trabajo que nunca termina porque cuando crezca tu empresa sus necesidades cambiarán, y en ocasiones también se crean nuevos problemas debido a el incremento de clientes o de ventas.

Entonces si eres exitoso ahorita que bueno, pero si quieres mantener esa productividad o deseas continuar creciendo necesitas mejorar todos tus procesos y del que te hablaré hoy es el de reclutamiento.

No es suficiente poner un anuncio de una vacante y esperar a los postulantes, necesitas diseñar un plan de marketing para tu reclutamiento con el cual atraerá a los candidatos ideales. Es un poco más complicado de lo que suena, pero te daré unas preguntas con las cuales podrás comenzar a conocer que necesitas en tu plan. Pregúntate:

¿Por qué alguien querría venir a trabajar para mí?

¿Qué me diferencia de otros empleadores?

¿Cuál es mi cultura de trabajo?

Si crees que solo debes de atraer personas describiendo el puesto o aclarando el sueldo, atraerás a muchas personas que solo quieren ser parte de esa nómina, pero cuando comunicas la misión y visión, entonces comienzas a atraer personas apasionadas a tu pensamiento y comportamiento.

Tus clientes internos o externos merecen atención de excelentes personas por eso mejora tu proceso de reclutamiento para mejorar como organización.

¿Te gustaría que te ayude produciendo un video institucional para ciertos puestos con el cual emocionarás a las personas correctas?

_____

¿Tienes un plan de reclutamiento e inducción para reducir la rotación a los tres meses y para crear una gran experiencia a los nuevos miembros?

_____

_____

¿Quiénes necesitan mapas de procesos para mantener la calidad y productividad?

_____

¿Qué mapas de flujo necesitas para evitar que te pidan ayuda continuamente y te quite tiempo o lo termines haciendo tú?

_____

Al leer y practicar este contenido estás creando oportunidades de crecimiento y mejoras, pero recuerda que cualquier lectura, herramienta o procesos de calidad no servirán si no las comprendes y más importante si no las aplicas.

MEJORANDO COMO GERENTE

Semana

10

¿Tienes un empleado que no hace bien su trabajo y su comportamiento no te agrada y estás pensando en despedir?

Necesitas realizar un paso antes de tomar esa decisión y con esta recomendación te ayudará a mejorar tu liderazgo, incrementará tu productividad y te ayudará a desarrollar habilidades necesarias para una persona en un puesto de mando.

Conozco personas que cuando un empleado no genera los resultados deseados lo primero que quieren hacer es despedir. Lo malo de esa estrategia es que con ese comportamiento crearás un hábito y la próximas veces que otras personas no logren lo que quieres buscarás deshacerte de ellas en lugar de brindarles una oportunidad de mejora y crecimiento.

En ocasiones el empleado no se da cuenta de lo que hace mal y necesita una persona que guíe su comportamiento y calidad de servicio. Por eso la recomendación es sencilla; primero asegúrate que la persona comprende claramente sus obligaciones del puesto, después brinda retroalimentación clara y completa. Mencionando el contexto, el comportamiento específico que afecta y que se causa con ese comportamiento. Comunica tus expectativas y crea una meta específica y alcanzable para supervisar y corregir su desempeño diariamente y atenderlo en tus sesiones 1 a 1 semanales.

Crea la oportunidad para que una persona sobresalga con tu guía en lugar de afectar la moral de tu equipo por tus enojos y descuidos.

¿Estás buscando contratar? Te daré una rápida y sencilla recomendación para evitar que contrates un falso positivo, es decir una persona que aparentaba ser buena, pero resulta un total fracaso. Por eso la recomendación es no contrates basándote en la información del currículum porque lo único que te brinda es una vaga noción de si podrá hacer el trabajo que requieres y no te indica de sus comportamientos, la cual es la razón principal por pedirle a una persona que deje de laborar en la empresa. Necesitas un proceso de concentración con alta calidad, pero en específico necesitas diseñar y entrenar un proceso para entrevistar y seleccionar personal. No tienen ni idea de cuántas personas he conocido que me dicen que saben contratar y están orgullosas, pero al analizar con datos su rotación de personal, sus errores y defectos, su mal ambiente de trabajo y mal servicio al cliente se dan cuenta de que solo pensaban que sabían contratar. Escucha esto: toda persona que ha dado un discurso, hecho una presentación o realizado una simple conversación siempre tiene tres discursos, presentaciones o conversaciones. La que piensa que dará, la que realmente da, y la que desea haber dado. No seas de los que desean haber contratado a otras personas y entrena para saber seleccionar a las correctas que te llevarán a la grandeza. Enfócate en actitudes, habilidades, comportamientos y en la ética. Contrata a la persona; no el currículum.

Contrata como si nunca fueras a despedir; prepáralos para que se puedan ir, pero trátalos tan bien para que se quieran quedar. Si quieres tomar un café y compartir historias de RH será un placer.

Una de las maneras para saber si tu departamento de ventas está mal es si son letárgicos y desatentos. Cual sea el mercado que atiendes, te aseguro que tus clientes no quieren que te tardes ni que les cobres más, por eso las compras en línea han incrementado drásticamente en los pasados dos años (sin mencionar las nuevas necesidades por la contingencia del COVID-19). Las personas cada día nos volvemos más impacientes con ejecutivos de ventas lentos, incompetentes e irrespetuosos. Yo no culpo a los empleados que actúan de esa manera, porque la empresa es la que estableció esos estándares de calidad tan bajos. La empresa es a la que no le importa la atención, el respeto y la satisfacción del consumidor. Pueden ser cosas pequeñas, pero pueden ser lo suficiente para molestar a tu cliente y perderlo para siempre. Aún hay muchos grandes negocios donde toda una venta puede depender de una sola persona y si no está esa persona, no pueden brindar un servicio, en ocasiones me consta que no pueden ni brindar información. Esta semana cotice siente lugares para organizar un evento y unos hoteles tardaron hasta dos días en darme la información de costos, hubo solo uno quien me atendió rápido y cordialmente; ese fue quién ganó mi dinero.

Si no estás dispuesto a cuidar a tus prospectos y a tus clientes, alguien más lo hará mientras tú te quedas deseando esa venta cada día que continúes de esa manera. Entonces la reflexión de hoy es *¿qué procesos puedes automatizar para acelerar tu atención al cliente? Y ¿Qué estándares necesitas mejorar para brindar un mejor servicio al cliente con el cual venderás más?*

Como consultor y entrenador de mejora continua no me contratan para decir las cosas "bonitas", me contratan para *hacer* que las cosas queden "bonitas" y eso en muchas ocasiones requiere conversaciones muy incómodas para la persona que me contrató.

Un cliente quien al momento de contratarme no media ni analizaba sus costos para crear su plan de negocio ni de liderazgo, se molestaba o regañaba por parejo a todos los empleados por desperdiciar recursos, maltratar equipo o cuando el veía que sus costos aumentaban en general mes tras mes también regañaba a todos por parejo.

Tuve que decirle al señor que sus empleados no tienen la culpa de malgastar si nunca se les enseñó correctamente a realizar las actividades, *porque muchos enseñan, pero no saben enseñar, no confirman lo que enseñaron y no supervisan,* (lo cual descubrí que era la situación al realizar mi análisis operacional).

Le dije que tampoco tienen la culpa todos los del equipo y al regañar o llamar la atención incluso algo suave como brindar retroalimentación *(que muchos no saben cómo realizar tampoco)* por no hacerlo con las personas indicadas, ellas continuarán realizando los errores que te causarán pérdidas monetarias, causarán molestias con clientes internos y externos y por tu comportamiento incorrecto para atender la raíz del problema y los efectos causados por ese problema provocarán un mal ambiente de trabajo lo cual de una forma u otra afectará también tus finanzas.

Si eres dueño o un líder, toma la responsabilidad completa sobre las decisiones especialmente fallidas. Y recuerda si tú eres el problema, tú eres la solución.

Si a ti no te importa cómo se sienten tus empleados, si aclamas que no eres una persona "sentimental" y solo eres fría y calculadora y eso te ayuda a ser un gran empresario entonces solo te diré algo que has olvidado o quizá nunca lo aprendiste.

Concuerdo que los sentimientos no pagan las cuentas, pero los sentimientos afectan las acciones y eso afecta los resultados. Y a todos nos pagan por resultados. Por eso es más importante cómo hacer las cosas, porque si sabes que debes de hacer, pero no lo haces correctamente no vas a lograr el resultado que deseas o necesitas, y eso es dentro y fuera de los negocios.

Por eso es importante aprender a organizar, dirigir, capacitar, supervisar, ordenar, retroalimentar, reprender y felicitar. Puede sonar sencillo, pero muchos no conocen cómo hacerlo correctamente para incrementar la productividad.

Y sé que puedes pensar que es más fácil decirlo que hacerlo, y tienes razón, pero en un minuto no alcanzo a capacitarte lo suficiente para hacerlo excelente y aparte si eres bueno en algo, nunca lo hagas gratis.

Por eso hoy te dejo con esta recomendación para que la implementes hoy.

Un líder acepta menos reconocimiento y extiende más porque reconoce que las victorias son logradas por el equipo.

Entonces hoy haz una lista para felicitar a personas que se lo merecen para mejorar tu ambiente de trabajo y hazlo antes de mediodía frente al resto del equipo.

Un negocio puede necesitar muchas cosas, pero la principal que veo que muchos no le brindan la atención necesaria son los presupuestos.

He hablado con dueños de empresas que venden millones y cuando les pregunto ¿Cuántos son sus costos operativos mensuales? ¿Cuál es tu punto de equilibrio? No saben decir con una exactitud, o los que me dan una cifra, es general no es un costo operativo por departamento o por servicio, o incluso por turnos.

Es importante medir esto porque puedes tener equipos que gasten más que otros. Y otro punto que veo es que en sus presupuestos les hace falta muchas cosas por considerar, así como servicios de mantenimientos y preventivos entre otras cosas.

He conocido personas desorganizadas y descuidadas quienes prefieren reaccionar a un imprevisto que les costará tiempo, dinero, y un disgusto en lugar de anticipar y prevenir. Y la verdad dime ¿De qué sirve tu experiencia si no puedes hacer eso?

No seas de los que se espera hasta que se descomponga algo para darle el servicio necesario, así como no esperes a que tú estés enfermo para comer y ejercitar o no esperes a estar quebrado para cuidar tu dinero.

Una cosa es desear prosperidad y otra es ser diligente para obtenerla.

Entonces si tu negocio y los libros de tu negocio no están presentables y no demuestran claramente una ganancia, y más importante un control y crecimiento, enfócate a cuidar tu negocio como si lo fueras a vender y verás lo que crecerá.

¿Quieres diseñar tu estrategia personal o laboral para el próximo año o tal vez para el siguiente cuatrimestre, pero no sabes por dónde comenzar o que considerar?

Es sencillo, pero para algunos no es fácil, por eso hoy te daré unas preguntas que debes de hacerte para comenzar a diseñar tus nuevas metas.

Recuerda que es difícil mejorar algo que no se mide, porque no sabrás cuál fue tu punto de partida, no sabrás si tuviste avances y cuales fueron los mejores.

Simplemente mantener mediciones es una manera de documentar objetivamente las situaciones y los resultados para poder tomar decisiones efectivas en tus nuevas oportunidades.

Entonces para comenzar debes de preguntarte:

¿Cuántas metas asociadas para mi prosperidad logré este último año o cuatrimestre? ¿Qué no logré? ¿Específicamente por qué no lo logré?

¿Qué necesito para obtener un resultado positivo en lo que no he logrado?

¿Qué se me olvidó hacer? ¿Y por qué? ¿Qué error no debo cometer en este nuevo periodo? ¿Y qué implica si no corrijo ese error?

Y por hoy la última pregunta es ¿Cómo puedo mantener o mejorar mi comportamiento? Sé sincero y honesto con tus respuestas porque no impresionas a nadie y solo afectas tu futuro. Si tu vida no es lo suficiente importante para planear, entonces será desviada por cada falta o mala decisión tuya y por las prioridades de otros. Diseña las tuyas y no dejes tu prosperidad a la suerte, crea tu destino.

Día 70
Preguntas y plan de acción para la décima semana.

¿Tienes los KPIs financieros por departamento?

_____

¿Tienes los procedimientos y presupuestos para promocionar tus productos?

_____

_____

¿Tienes los 40 KPIs de RH incluyendo los costos de horas extras, incidentes y materiales perdidos por bajas?

_____

¿Qué metas financieras debes comenzar a implementar o revisar para mejorar tu rentabilidad?

_____

Al leer y practicar este contenido estás creando oportunidades de crecimiento y mejoras, pero recuerda que cualquier lectura, herramienta o procesos de calidad no servirán si no las comprendes y más importante si no las aplicas.

MEJORANDO COMO GERENTE

Semana

¿Te has enojado fácilmente por algo que piensas que hizo otra persona o un empleado? ¿Y has tomado decisiones en ese estado emocional?

Siendo sincero, si respondiste que si a esas preguntas hay una probabilidad que alguna vez te equivocaste o por lo menos tu reacción a una situación fue excesiva. No te preocupes, hay cuatro palabras que te ayudarán a prosperar tomando mejores decisiones y en ocasiones evitando o reduciendo montañas rusas emocionales que causan angustia, mal ambiente de trabajo o pérdidas económicas convirtiéndote en un mejor líder y esas palabras son: **conoce lo que crees**. Ya les he platicado el concepto, pero hoy usaré las palabras de Ray Dalio porque me gusta mucho como lo presenta en su libro *Principles*. El dice:

"mantener las opiniones equivocadas en la cabeza de uno y tomar malas decisiones basadas en ello en lugar de tener desacuerdos reflexivos es una de las mayores tragedias de la humanidad".

Por eso yo te recuerdo que si hay espacio para asumir, hay espacio para equivocarse. Escucha con atención o pregunta, porque para prosperar no debes de tomar decisiones basándote en lo que crees porque puedes estar equivocado, debes de tomarlas en base a lo que sabes y así evitarás pérdidas.

"Conoce lo que crees", es una frase que usaba mucho el ex alcalde de Nueva York y ahora abogado de Donald Trump, Rudy Giuliani y pienso que también es una variación de la frase que Ronald Reagan -ex Presidente de USA- usaba mucho: *"Confía, pero verifica"*. Entonces dime: *¿cómo puedes beneficiar conociendo lo que crees?*

Si has avanzado leyendo cada segmento de este programa quiero felicitarte y agradecerte. Si lo has leído corrido, perfecto, termínalo, y ya que sabes como son los 77 días, regresa mañana y comienza de nuevo un día a la vez. Lee con atención, analiza, y aplica lo recomendado cada día; te aseguro que los beneficios que crearás serán muy notorios en tu organización.

Ahora, tengo otros programas y cursos, pero estamos casi al final de este programa y quiero preguntarte *¿Has pensado en contratar un coach para incrementar tu productividad?* Tal vez estés pensando que te venderé algo, pero no es el caso, hoy quiero ayudarte a evitar baja autoestima, estrés, ansiedad y evitar que malgastes tu dinero y lo haré brindándote las *top* cinco razones por las cuales no estás listo para contratar a un coach.

Primero. Si te da pena hablar de tus situaciones y limitaciones no contrates a un coach; porque será tan inefectivo como ir al doctor y por pena no decir que te pasa, o ir al nutriólogo y no mencionar lo que en realidad consumes de alimentos. Es una analogía, pero si no eres sincero no podrán ayudarte con lo que realmente necesitas y difícilmente se lograrán las metas.

Segundo. Una persona que no es sincera, es probable que no sea cooperativa, dirá que realizará una actividad, pero no la hace. Entonces si desde un principio no estás dispuesto a tomarte el medicamento como indicado en la receta, si no te comprometes a implementar el plan alimenticio, y si no estás dispuesto a modificar tu comportamiento para incrementar tu efectividad y productividad; no contrates a un coach porque él estará trabajando en contra tuya en lugar de trabajar contigo.

Mi objetivo de esto es ayudarte a ser sincero y que tus acciones no sean mediocres; o haces o no haces las cosas, pero no te quedes en medio desperdiciando tu tiempo, tu energía o tu dinero.

"El que ama la instrucción ama la sabiduría. El que aborrece la represión es ignorante". Proverbios 12:1. Esta es la tercera razón por la cual no te recomiendo que contrates a un coach, si un llamado de atención, una corrección o modificación de tus acciones y conductas no serán consideradas por tu arrogancia, quédate como estás y no gastes en un programa de mejora, especialmente conmigo. Yo no trabajo para animarte y convencerte de hacer las cosas, yo trabajo con profesionales que quieren lograr más de lo que son para prosperar en todos los niveles. Recuerda que si continuas un proceso equivocado de razonamiento donde usarás excusas y justificaciones para eludir la responsabilidad de corregir tus errores, desaprovecharás la oportunidad de generar abundancia económica y prosperidad. La cuarta razón por la cual no recomiendo que contrates a un coach es si eludes la responsabilidad usando excusas, pretextos y justificaciones, para explicar porque no has logrado lo requerido. Si no estás dispuesto aceptar otra perspectiva para mejorar, no habrá mucho beneficio en contratar a una persona para que te instruya. La quinta y última razón por la cual no te recomiendo contratar a un coach es si no te gusta pagar. Hay personas que les gusta buscar hasta soluciones médicas en línea, y quieren consultar gratis a sus profesionales. Si no le darás la importancia que merece un producto, no insultes a quienes te prestan los servicios regateando o evitando el pago cuando tienes el poder adquisitivo para hacerlo.

Considera estos puntos antes de gastar tu dinero contratando un servicio que no aprecias o comprendes.

Si has escuchado el programa hasta este punto dudo que seas una persona con una mente pequeña, pero si conoces a una persona que lo es, no le recomiendes que contrate a un coach; en cambio si tú estás listo para ver tus errores o nuevas y mejores maneras de liderar, un coach especializado puede ayudarte mucho. Recuerda de confiar, pero verificar que al que selecciones realmente pueda ayudarte porque en esta profesión son más las personas que piensan que con puras preguntas pueden ayudar, pero si no conoce las disciplinas y metodologías y tú tampoco, difícilmente lograrás llegar a donde quieres; tal vez ni siquiera es un lugar al que debas de ir; por eso escoge a un coach que te sirva como asesor o incluso que sirva de mentor aunque no lo sea.

Día 73

Algunos no se consideran líder entonces si solo te consideras un jefe, te daré una lista de siete cosas que debes de implementar desde hoy mismo para ser un mejor jefe para tu personal, e incrementar tu efectividad como profesional.

1. Nunca asumas que comprenden tus ordenes, tomate unos segundos para asegurarte porque se supone que tú eres el inteligente que dirige, toma responsabilidad.

2. Limita o elimina las groserías en tu lenguaje corporal, en tu vocabulario y en tu comportamiento.

3. Aprende a reprender, cualquiera puede insultar y desaprobar, pero necesitas corregir correctamente; pregúntame por mi ciclo REM.

4. Aprende a diseñar e implementar metas. En negocios u organizaciones sofisticadas aunque tú creas que te va bien, no es suficiente decir una tarea y la fecha de entrega, necesitas un plan de acción enfocado a la calidad.

5. Nunca te pongas en una situación donde le puedes quitar algo a tu personal, ya sea en una apuesta, o más importante y esto incomodará a muchos de ustedes porque lo hacen, pero no porque tengas un puesto de mando te permite algún tipo de acoso ya sea psicológico, físico, laboral o desgraciadamente uno muy común... el acoso sexual.

6. Muchos lo dicen, pero pocos tienen la inteligencia emocional para practicar la humildad y ser justo.

7. Siempre toma decisiones efectivas basadas en información objetiva, y si confías verifica.

Si quieres más estrategias y herramientas para incrementar tus ingresos, dirigir mejor tu organización o crecer tu negocio, dime cómo puedo ayudarte.

¿Estás en un puesto de mando y sientes o sabes que tus subordinados no te respetan, no te admiran o incluso la mayoría no cumple con las expectativas de las tareas que le delegas?

He conocido a personas con la actitud de "sabelotodo" o que practican el liderazgo de dictadura y me han dicho: *"si estás en esa posición hay que cambiar de personal".*

A las personas no les importa cuánto sabes, hasta que saben cuánto te importan.

Puedes ser un profesional que se prepara constantemente, puedes tener conocimientos útiles; pero si no comunicas y demuestras que tu equipo es más que una herramienta para lograr una productividad anual, y que a pesar de ser su superior tienes los valores para respetarlos como tus colegas; si no haces eso, no obtendrás reciprocidad de ellos.

Si eres padre de familia y tus hijos no te hacen caso, sientes que no eres su aspiración y captas una pequeña falta de respeto en sus acciones !No cambias a tu niño! Mejoras tus estrategias de mando y lo educas para armarlo con las mejores herramientas que le permitan lograr ser una persona de bien que se supera y logra grandes cosas.

No te pido que ames a tus empleados, pero toma la responsabilidad de que tú necesitas una mejor estrategia de productividad y liderazgo, porque la rotación de personal no es la solución si el problema está fijo sin importar la antigüedad de los miembros.

Uno de los errores de gerentes que causa baja productividad es no saber reprender. He visto muchos regaños y normalmente no son efectivos y causan más daño al ambiente de trabajo de lo que corrigen por la siguientes razones. Primero comienzan con una historia o incluso comienzan con los sentimientos demostrando lo enojado o descontento que están, atacan a la persona y no son claros ni brindan la información completa entonces eso causa que la persona que está siendo reprendida se ponga a la defensiva. Y como se siente un regaño personal piensa que debe alegar porque parece injusto.

Al reprender, nunca se ataca a la persona; solo se ataca el comportamiento de esa persona y jamás se realiza sin tener la evidencia y/o documentación oficial y completa.

Esto significa que no debes de basarte en un sentimiento para regañar y mucho menos basarte en lo que otra persona dijo. Necesitas hechos fríos y documentados, aquí es donde debes de aplicar las 6HS que es la manera en la que abrevio los seis honorable servidores de Kipling.

Las utilizan los buenos periodistas y abogados para construir una historia completa, verificable, objetiva, clara y breve. Entonces al regañar asegúrate de mencionar: "Qué, cómo, cuándo, dónde, quién y porqué".

De esa manera tu regaño no será personal, sino objetivo; se atiende el verdadero problema y se evita la discusión de quién está en lo correcto en lugar de enfocarse a lo que es correcto.

Si eres gerente o propietario de un negocio y batallas con el comportamiento de tus empleados, escucha con atención porque esto puede ayudarte.

Un empresario reconocido localmente me hizo una pregunta hace unos días y utilizó exactamente estas palabras. Dijo: *¿Qué puedo hacer con las personas que son muy estúpidas y flojas que se quejan por todo?*

Yo respondí: *Antes de tomar acciones con ellos, debes de catalogar correctamente y por importancia los comportamientos y usar la información como guía para tomar decisiones efectivas.*

Comprendo perfectamente el estrés y la frustración que se obtiene al pagar sueldos de miembros de los cuales no ves un retorno en la inversión, pero si vas a catalogar por comportamiento dime: ¿Cuál es el verdadero problema? ¿Cuál es el más urgente e importante para atender? ¿El miembro estúpido o la persona quien contrato a ese miembro y lo soporta?

Si quieres un crecimiento exponencial, necesitas practicar la sinceridad, la humildad y tomar responsabilidad en todo lo que pasa en tu vida.

Y te tengo buenas noticias, una vez que tomes responsabilidad por todo, es el momento que te empoderas y puedes cambiar cualquier cosa de tu vida.

Y si quieres que termine con algo positivo y optimista, repite esto:

Dios concédeme la serenidad para aceptar las cosas que no puedo cambiar, valor para cambiar las cosas que puedo, y la sabiduría para saber la diferencia.

TU MENTALIDAD PUEDE LIMITAR TU PROSPERIDAD.

He conocido a esos jefes que se roban el crédito de sus equipos, algunos limitan el crecimiento de personas bajo su cargo porque temen ser reemplazadas ellas mismas; otros tienen miedo de que crezcan y mejoren sus directos y los dejen. No podemos negar que existen ese tipo de jefes, pero tú como profesional no debes limitarte por ellos.

Esto ocurre desde antes de la pandemia cuando incluso se hablaba de lo bien que estaba la economía y había mucho empleo. El problema no es los malos jefes o la baja oferta de trabajos. El problema es que muchos dicen "no voy a trabajar duro para que otro se haga rico; o no le daré mi 100 % porque no me paga lo suficiente; o, para que tomar la iniciativa si no nos toman en cuenta."

Si has pensado esto o algo parecido definitivamente has y estás limitando tu prosperidad.

Puedes alegar lo que quieras de cómo está la situación, pero eso no justifica la mediocridad en el desempeño o que no aprendas y desarrolles habilidades.

Si puedes escuchar este programa lo más probable es que no eres ningún tipo de rehén; entonces así como un buen músico sigue tocando excelente aunque no tenga público para poder estar listo cuando sí lo tenga, tú no bajes tu desempeño para estar listo y empoderado para cuando busques o te busquen.

Oportunidades siempre las habrá para quienes la saben buscar.

Soy Luis Marino; consultor y entrenador de mejora continua.

¡Muchas felicidades y gracias por concretar este entrenamiento básico para mejorar tu gerencia!

Aún hay más niveles que necesitas dominar en áreas muy específicas que como líder y jefe de una gran organización debes mínimo conocer para poder guiar y trabajar mejor en equipo con los diferentes departamentos bajo tu responsabilidad. Te recuerdo que aparte de estudiar y dominar lo que necesitas para hoy, necesitas estudiar y dominar lo que necesitarás en un futuro cercano o para tu próximo ascenso. Avanza tu carrera laboral leyendo mis libros de la colección Éxito es tu responsabilidad en **franciscoluismarino.com**

Al ser mi lector significa que tienes ciertas características por lo cual te puedo decir que será un gusto trabajar contigo para mejorar tu carrera profesional. Por esa razón y sin ningún compromiso te regalo una consulta de 15 minutos. Esta oferta no tiene fecha de vencimiento, pero es limitada a una por persona y deberás llenar esta encuesta.

Un poco sobre mi trabajo.

Mejoro las prácticas de liderazgo para lograr mejores estándares de marketing, ventas y

Consultor y entrenador de mejora continua, Luis Marino

servicio al cliente, así como para aumentar los procesos estandarizados con dos objetivos principales. El primero es tener un mejor desarrollo organizacional. El segundo, es impulsar la rentabilidad de la empresa con planificación estratégica.

Mi lema es: las personas primero, la misión siempre.

Mi trabajo se basa en Lean Six Sigma, Kaizen y Genchi Genbutsu, que son las metodologías estructuradas para eliminar errores, desperdicios y crear una mejora continua estandarizada.

Mi misión es la misión de mis clientes, prevenir futuros problemas y eliminar los actuales, creando soluciones integradas con las que puedan contar para atender a sus clientes sin problemas y ganar más dinero.

Mi visión es un México educado, entrenado, preparado y empoderado para tener empresas rentables, responsables y profesionales con prácticas del primer mundo.

ÉXITO ES TU RESPONSABILIDAD: MEJORANDO COMO GERENTE

se terminó su primera edición

el día 27 de septiembre del 2020, en la ciudad de

Hermosillo, Sonora, México.

Autor y editor: Francisco Luis Marino
Consultor y entrenador de mejora continua para rentabilidad.